贵州省出版发展专项资金资助

贵州世居民族文化书系

宋健　主编

黔岭新月

QIANLING XINYUE

纳光舜　马　虹　陶朝英　纳海洋　　著

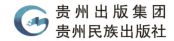

贵州出版集团

贵州民族出版社

图书在版编目（CIP）数据

黔岭新月：回族 / 纳光舜，马虹，陶朝英，纳海洋著． -- 贵阳：贵州民族出版社，2014.6（2020.7 重印）
（贵州世居民族文化书系 / 宋健主编）
ISBN 978-7-5412-2117-0

Ⅰ．①黔… Ⅱ．①纳… Ⅲ．①回族－民族文化－贵州省 Ⅳ．① K281.3

中国版本图书馆 CIP 数据核字（2014）第 067747 号

贵州世居民族文化书系
黔岭新月·回　族
宋　健　主编　纳光舜　马　虹　陶朝英　纳海洋　著

出版发行	贵州民族出版社	
社址邮编	贵阳市观山湖区会展东路贵州出版集团大楼	550081
印　　刷	山东龙岳文化传媒有限公司	
开　　本	787mm×1092mm　　1/16	
字　　数	170 千字	
印　　张	10.5	
版　　次	2014 年 6 月第 1 版	
印　　次	2020 年 7 月第 2 次	
书　　号	ISBN 978-7-5412-2117-0	
定　　价	34.00 元	

贵州回族分布示意图

聚居　散居

多彩高原的民族共存

——《贵州世居民族文化书系》总序

　　多彩的贵州，神奇的高原。对于初次来到祖国大西南贵州省的人来说，触动心灵的不仅是苍山如海、溪河清澈、森林碧绿、峡谷幽深，更有那不同民族同胞悠扬的山歌和异彩的服饰。在这个有17.6万平方公里面积和600年建省历史的省份，数不尽的青山翠谷中生活着18个世居民族，他们从哪里来？世世代代如何与周围环境共处？以怎样的生活方式和民族风情为世界增光添彩？让读者朋友在轻松的阅读中了解这一切，就是我们出版这套《贵州世居民族文化书系》的目的。

　　贵州是一个多民族的省份，少数民族人口约占全省总人口的38%，全国56个民族成分贵州都有分布，而称得上"世居民族"的则有汉族、苗族、布依族、侗族、土家族、彝族、仡佬族、水族、回族、白族、瑶族、壮族、畲族、毛南族、仫佬族、满族、蒙古族、羌族等18个兄弟民族。从历史和民族源流看，除来自北方的回族、蒙古族、满族外，汉族属古代的华夏族系，其他各族分属古代的氐羌、苗瑶、百越、百濮四大族系。从地理位置看，贵州位于云贵高原东部，处于四川盆地和广西、湖南丘陵之间，是由高原向平原和丘陵过渡的地带。这种特殊的地理位置，使贵州历史上成为南方四大族系的交汇之地，成为民族迁徙的大走廊。在漫长的历史长河中，不同民族的融合，不同文化的相互影响，以及战争带来的多次大规

模移民的进入，形成今天贵州多民族共存共荣的社会。

民族文化，指各民族在历史发展中创造的带有民族特点的文化，包含物质和精神两个方面。存在决定意识，由于贵州地处生态环境较为脆弱的喀斯特地貌带，各族群众敬畏自然，珍惜上天赋予的生活资源，注重生产方式与自然生态的和谐平衡，有着享誉世界的农业文化遗产"稻鱼鸭系统"，与草木"认干亲"的林业等生产方式和生活形态，无不彰显人与自然的和谐共处。

贵州历史上"连峰际天兮飞鸟不通"（王阳明《瘗旅文》）的交通困局，形成了十里不同风，百里不同俗的"文化千岛"，民族风情古朴浓郁，多姿多彩，如苗族的姊妹节、芦笙舞，布依族的八音坐唱，侗族的行歌坐月、侗族大歌，彝族的火把节，土家族的摆手舞等。而 600 多年前明王朝对贵州的大规模开发，江南的百万汉族移民以屯军、屯民的方式来到贵州，形成数百年的屯堡文化，至今成为明代文化遗存的奇迹。可以说，正是青山绿水与多民族的和谐共存构成了今天多彩的贵州。

我们这套书以大专家写小丛书为特点，以轻松阅读获取知识为目标，以直观图像结合想象力发挥为手段，采取宏观叙述与田野案例穿插叙事的方法，力图写成民族历史文化的故事书，内容虽然通俗易懂，生动有趣，但都是以坚实的学术研究为基础的，能够让读者在愉快的阅读和浏览中获取正确的知识。

"黔山秀水，神秘夜郎；多彩民族，千岛文化。"这是书系力图展示的贵州形象。愿书系成为我们大家了解贵州、欣赏贵州、热爱贵州的一个窗口。

《贵州世居民族文化书系》编委会

目录
Contents

　　贵州回族文化是伊斯兰文化与中国传统文化和贵州地方文化长期融合的结晶。

　　回族文化因与伊斯兰教联系密切，使其带有许多"内部"成分，故不为其他民族人士所了解；同时由于回族居住分散，在一些地方，就连回族人自己对本民族的文化也知之甚少。2010年，笔者应贵州省民委之约，主编《回族文化大观》一书，深感责任重大，花了8个月时间对贵州回族社会历史、语言文字、宗教信仰、风俗习惯、文学艺术、医药卫生和名胜古迹等做了一次全面考察，结果令人震惊！贵州回族文化之丰富，出乎意料——她历史久远、根深叶茂，内容丰富、光彩照人，不啻为贵州文化百花园中的一朵奇葩。从那时起，笔者就一直继续着贵州回族文化的探寻，虽然充满坎坷，但在弘扬本民族文化的热忱和责任感的激励下，仍披荆斩棘前行着……

　　贵州回族文化渊源于阿拉伯和伊斯兰文化。回族的先辈来自阿拉伯，经千百年传承，其血脉一直延续至今。在黔西北的威宁，你会见到一些保留着阿拉伯人深目高鼻特征的回民，他们是唐代以来因经商、移民等迁入中国的阿拉伯人和波斯人后裔，这是贵州乃至中国回族的主要来源。但也有人曾对我说："有些回族人长得不太像回族。"其实与许多民族一样，回族也融合了其他民族成分，如汉族、蒙古族等。最典型的是清代居住威宁的孔子后裔孔衍武，因娶刘姓回女而归信伊斯兰教，成为回族。由于回族的主体是来源于阿拉伯的穆斯林，阿拉伯和伊斯兰文化对回族影响较大。贵州回族建筑、服饰、语言、饮食、婚姻和节日习俗，以及礼节、礼仪等，都体现出伊斯兰教的原则，许多回族风俗也是从伊斯兰教教义中演化而来的。

贵州回族文化有什么特点？经常会有一些想了解回族文化的朋友向我提出这个问题。这实在不是几句话能说清楚的。我告诉这些朋友：当你走进一个回族村寨，见到一座清真寺建筑屹立于高处，听到寺中传来阵阵《古兰经》诵读声——那就是回族文化；当过伊斯兰教节日时，回族男子头戴白帽，妇女身着阿拉伯式长袍、头戴盖头，兴高采烈地汇聚于清真寺——那就是回族文化；当你走进清真餐馆，一股馨香扑鼻而来——那就是回族文化……抽象的文化，不易理解；形象的文化元素，为了解一种文化提供了最直接的路径。回族文化最明显的特点是宗教性，最典型的表征是服饰，最突出的标志是饮食。这是回族文化的主线：

——《阿丹和好娃》等神话传说，千年流传，延续了回族文化的脉动；

——"清真饮食"，恪守古制，以饮食的规约，维系了回族的繁衍；

——独特的服饰、语言，消除了回民之间交往的障碍，增进了民族和睦；

——伊斯兰教信仰，拓展了回族联谊的范畴，推动着回族社区经济社会发展；

……

回族强调"爱国是伊玛尼（信仰）的一部分"、倡导"两世吉庆"，鼓励求知。回族文化的传承，能够激励勤劳智慧的回族人，畅想新生活，谋求新发展，建设秀美家园。

贵州回族文化是贵州文化的组成部分，了解回族文化有助于我们正确认识贵州回族经济社会发展历程，知道回族信仰习俗和行为方式，从而准确地把握回族的民族特点，增进各民族间相互了解，促进民族团结，共建和谐社会。

漫漫迁徙路
MANMAN QIANXILU

● 大食商贾成番客 ●

　　回族是回回民族的简称，是由中国国内及国外的多种民族成分经过长期融合而形成的。伊斯兰教的传入及其在中国的发展，对回族的形成起了重要的作用。

　　中国回族先民来自阿拉伯。

　　"阿拉伯"一词原是"沙漠"之意。阿拉伯半岛位于亚洲西南，包括叙利亚与西奈半岛。北接叙利亚沙漠，东接波斯湾和阿曼海，南滨印度洋，西临红海。半岛以西部最高，向东海拔逐渐降低，至阿曼又复隆起。全岛无常流的河道，只有时流时涸的山溪。全岛被沙漠占去大部分的面积。但阿拉伯半岛沿海一带也有若干富饶地区，有村寨，有城镇。数千年前就有人从事耕种。如西南的也门，古代称为"幸福地区"、"绿茵地带"，有成片的绿洲、甜美

古阿拉伯人出行

阿拉伯商船

往来于东西方的波斯商队

　　的清泉，产生过高度发达的文化；南岸的哈达拉毛是出产香料的著名区域；东岸的哈萨，土地肥沃，物产丰富；西岸的红海一带虽然贫瘠，却有广袤的草原，是天然的牧场。

　　中国回族先民是沿着丝绸之路进入中国的。

　　早在唐宋以前，就有阿拉伯和波斯商贾进入中国经商。唐初，穆罕默德创传伊斯兰教，大批阿拉伯使团和阿拉伯、波斯商人沿着丝绸之路，往来于阿拉伯和大唐之间，开展外交和商贸活动。唐永徽二年至贞元十五年（651～799年）的148年间，大食（阿拉伯帝国）向唐朝正式遣使就达39次。其中一些人后来定居中国，被称为"番客"。中国最早的回族先民群体形成后，伊斯兰教也随之在中国立足和传播。

　　提到丝绸之路，人们自然就想到浩瀚的沙漠戈壁、孤寂千年的胡杨，肆虐的风沙、无畏的驼队，沙海绿洲、海市蜃楼，大漠孤烟、长河落日——这是陆上丝绸之路的写照。这条开通于西汉的丝绸之路，由洛阳或长安出发，至敦煌，由此分为三路：南路可达波斯，中路连接地中海东岸，北路通中亚、西亚、欧洲。因为由这条路西运的货物中以丝绸制品的影响最大，故名丝绸之路。阿拉伯商人的驼队，在古代阿拉伯与中国交往中起了重要作用。

除陆上丝绸之路外，在海上还有一条丝绸之路，它起于秦汉，兴于隋唐，盛于宋元，明初达到顶峰。海上丝绸之路的重要起点有番禺（后改称广州）、登州（今烟台）、扬州、明州（今宁波）、泉州、刘家港（今江苏太仓）等。由太平洋、印度洋海路连接南亚、中亚及非洲。

东行的阿拉伯商队

此外，回族先民还沿着两条被称为南方丝绸之路（海陆结合）的商贸通道进入中国，其一是由阿拉伯、波斯→海路→天竺(印度)→云南→内地；其二是由阿拉伯、波斯→海路→安南（今越南）→云南→内地。南方丝绸之路，在西汉时，已经连通印度。西汉元狩元年（前122年），张骞出使西域时，在大夏（今阿富汗）看到经印度输入的蜀布、邛竹杖，得知蜀地商人已由四川经贵州、云南，越缅甸，到印度经销四川的布等商品。当西北地区交通因战事受阻时，南方丝绸之路变成连接中西方的重要通道。

南方丝绸之路上的古城腾冲

斗转星移，经年累世，那些知名和不知名的大食、波斯商贾，沿着漫漫丝绸之路，往来于东西方，为促进阿拉伯、波斯与大唐的经济文化交流作出了重要贡献。现藏北京故宫博物院的唐代大食人俑，头戴尖顶折沿帽，长脸，深目高鼻，满脸胡须，身穿右衽衣，腰上系带，足登长筒靴，肩背行囊，手执水壶，身体前倾，做行进状。面色刚毅，步履坚实。刻画了一位饱经风霜、精明强干的大食商人形象。

西安出土的唐代大食人俑

广州怀圣寺

遥想当年，贞观盛世，阿拉伯人、波斯人骑着骆驼，顶着风沙，风餐露宿，跨越数千里，进入唐都长安；一支支船队，高挂云帆，乘风破浪，不远万里来到广州、泉州、杭州、扬州。

他们运来珠宝、香料，运回丝绸、陶瓷，这些阿拉伯人、波斯人以他们的坚韧和睿智，在阿拉伯、波斯与中国的交往史上写下了辉煌的一页！

唐代，波斯和中国的海上贸易极为发达，波斯人在广州被称为"舶主"。诗人元稹在《和乐天送客游岭南二十韵》一诗"泊主腰藏宝"句自注云："南方呼波斯为舶主，胡人异宝多自怀藏"，说明来到中国的波斯商人很富有。《太平广记》《集异记》《酉阳杂俎》《宣室志》《广异记》《南村辍耕录》等书也记载了胡人识宝、卖药及以奇术治病的传说，表明回族人涉及的领域较宽。《唐大和上（尚）东征传》记天宝年间事说："（广州）江中有婆罗门、波斯、昆仑来船，不知其数，并载香药珍宝，积载如山。其船深六七丈。"阿拉伯人、波斯人主要居住在广州、泉州、扬州及长安、开封等地。当时，这些人被称为番客，其后

中国回族最早聚居地之一 ——泉州（右图为泉州麒麟寺）

代称土生番客，其居住地称为番坊。朝廷专设机构管理番坊事务。唐宣宗（847～859年在位）时，大食人苏莱曼来中国经商，撰写了《苏莱曼东游记》（亦译为《中国印度见闻录》），书中记述了广州的情况："中国皇帝派一个回教徒，办理前往该处经商的穆斯林的诉讼事务。每当节期，就由他领导着大家行祷告礼，宣诵训词，并为回教国的苏丹（国王）求福。"伊斯兰教的风俗习惯（包括生活用品）随阿拉伯和波斯商人带入其聚居地。1980年，扬州出土了一件唐代青釉波斯文背壶，壶的正面写有波斯文"真主至大"。从一个侧面说明伊斯兰教的习俗影响之广泛。

到了宋代，回族人定居者大增，称为"回回番客"或"南番回回"。关于宋代番坊的情况，寓居在广州的朱彧在《萍洲可谈》中说："广州番坊，

刘半农译《苏莱曼东游记》

唐代青釉波斯文背壶

海外诸国人聚居。置番长一人，管勾番坊公事，专切招邀番商……巾袍履笏如华人。"宋代番坊的番长穿戴宋廷规定的衣冠，采用华人的礼仪，按朝廷要求负责管理番坊日常事务及来华番商贸易等。

丝路要塞——玉门关遗址

● 乌蒙来了回族人 ●

宋末元初，一批回族人随蒙古军进入黔地。13世纪初，从元太祖成吉思汗起，蒙古军进行了长达半个世纪的西征，将中亚细亚、波斯和阿拉伯等占领地掳掠和降服的大批军士、官吏、宗教人士及妇女、儿童押回蒙古（这些人被统称为"色目人"）。其中的青壮年签发入伍，编入"探马赤军"或"回回军"，派往前线参加作战；工匠及其他人士随军服务。

宋宝祐元年（1253年），蒙哥命其弟忽必烈率10万大军，由宁夏经甘肃入四川，在松潘一带分兵三路攻大理国，十二月占领大理。次年，忽必烈留兀良合台经略云南。元军相继征服了今云南大部分地区。宋宝祐五年（1257年），元军转兵东进黔西南和黔西北。战事平息后，军中的回族将士和随军工匠等，留在当地参与屯垦、戍役。在不宜屯田的战略要地，则派兵进驻。屯戍地包括当时属云南行省而今属贵州的乌撒路（治今威宁彝族回族苗族自治县）、普安路（治今盘县）、普定路（治今西秀区）。当时云南行省的官吏，多为蒙古族和回族，互为正副。元代随军进入云南的回族比例很大，凡有军队屯戍

巍巍乌蒙

元代色目人

元代军人

的地方多有回族人。乌撒乌蒙地区为彝族乌撒部领地，至元十年（1273年）置乌撒路招讨司，后又改为乌撒路、乌撒军民总管府、军民宣抚司等；至元二十四年（1287年），升为乌撒乌蒙宣慰司，隶云南行省。乌撒乌蒙宣慰司治今威宁彝族回族苗族自治县，其辖地包括今贵州威宁、赫章，以及今云南省昭通市的昭阳区、鲁甸县、彝良县等。至元二十七年（1290年），立乌撒路军屯。仁宗延祐三年（1316年）立乌蒙军屯，发畏吾儿及新附汉军5000人，屯田1250顷。元代，乌撒路的军屯，涉及今可渡河、二塘河流域及今牛棚、中水一带。仁宗延祐七年（1320年）立"普定路屯田，分乌撒、乌蒙路屯田卒二千赴之"。普定路，领安顺、习安、镇宁、永宁四州，包括今西秀、普定、平坝（一部分）、镇宁、紫云、关岭、晴隆等县（自治县、区）。

至元十六年到至顺三年（1279～1332年），多次调陕西、四川等处数万军队入乌撒、乌蒙。其中有穆斯林将领。如至元十七年（1280年），阿里海牙（畏吾儿人）奉诏率湖广兵、蒙古军和云南哈剌章军等3万多人，征罗氏鬼国。至元年间于阗回族人剌马丹"金宪按黔中"。地方史资料也说："威宁西北一带，毗连滇之昭、鲁，多回族，其先皆出甘、新，随元、明两代征西南，故移植于滇及黔之边地。其种族生殖最繁，就威宁而论，户已逾万。"今贵州马、李、撒、纳、丁、赛等姓，其先祖均为元代进入中国的阿拉伯及中亚回族人，明代时又由西北等地迁入贵州。如威宁《下坝马氏族谱》说其祖"原居西域"。《松林马姓族谱》说"其祖原为西域圣裔"。《海子屯李氏家谱序》也说先祖"原系西域阿拉伯，至圣兴教劝化执政时期，于唐朝奉诏，随遣贡使抵中朝，受赐奉安，居于陕西西安府长安县仓门口，继迁徙于固原州平凉府李旺堡"。纳姓先祖赛典赤·赡思丁为中亚布哈拉（今

元代回民政策

　　元代，朝廷将国民分为蒙古人、色目人、汉人、南人四等。回族人属色目人中人数最多的族群，政治地位上仅次于蒙古人。蒙古统治者为抑制汉人、南人，重用色目人，许多回族人成为朝中高官显宦。对伊斯兰教，朝廷给予"答失蛮"（掌教人员）免除赋役的优待，礼拜寺得到朝廷的保护。朝廷设置"回回哈的司"，掌管回族的宗教事务及刑名、词讼诸事。

贵州回族概况

　　贵州省有回族 184 788 人（根据2010年第六次全国人口普查数据，下同），全省各县（市、区、特区）均有分布，主要居住地为黔西北、黔西南和黔中地区。其中，居住最集中的县（自治县、市）为威宁彝族回族苗族自治县（101 696 人）、兴仁县（10 396 人）、平坝县（8177 人）、盘县（7359 人）、兴义市（6525 人）。

元代乌撒路屯田地——威宁中水

赛典赤 • 赡思丁

乌兹别克斯坦）人，成吉思汗西征时，率部归元，后任陕西、四川、云南行省平章政事。赛典赤治滇，政绩颇多。当时云南地方政权多被豪强掌控。赛典赤到任后，分设路、府、州、县各级政权及各级军事组织，令千户、万户等武职官员不得干政。同时清查户田，整顿赋役，完善驿站，赈灾恤苦，屯田垦荒，安流亡，设学堂，倡儒学，促进了云南经济社会发展。其子纳速刺丁历任云南、陕西行省平章政事，其后裔分散在云南、贵州、宁夏、陕西等地。

元代令牌（刻有波斯文、八斯巴文和汉文）

乌兹别克斯坦布哈拉古城

● 回族入黔兴军屯 ●

明初，朱元璋横扫中原，元顺帝退出大都，远遁大漠，全国局势初定。但云南一隅仍在元朝所封梁王巴匝剌瓦尔密统治之下。梁王与远在大漠的元朝残部互通信息，密约抗明。梁王拉拢收买乌蒙、乌撒、东川、芒部、建昌等地土司与明朝抗衡，乌撒女土司实卜受封云南行省右丞，联合芒部，抵御明军。朱元璋先后遣使到云南招降，均被梁王杀害。朱元璋最终决定以武力攻取云南。

洪武十四年（1381年），朱元璋调集了江浙、湖广及江西、河南的30万大军，命颍川侯傅友德为征南将军、永昌侯蓝玉为左副将军、西平侯沐英为右副将军，统率将士征伐梁王。据白寿彝《回族人物志》、邱树森主编的《中国回族史》载，蓝玉、沐英均为回族。傅友德受命，派都督胡海（又名胡海洋）、郭英、陈桓等率兵5万，由永宁（四川叙永）进军乌撒。郭英率军夜渡赤水，突破实卜赤水河防线。傅友德率明军主力进攻曲靖，在白石江一带大败元军，沐英、蓝玉乘胜进军昆明。仅数月即占领云南全境，分兵守御。

贵州不少地方在明洪武初年即归附明朝，明廷分别派兵戍守。洪武四年（1371年），回族将领马煜（亦写作马烨或马晔）任贵州都指挥使司指

《明太祖功臣图》中的沐英画像

明代回民政策

朱元璋推翻元朝统治建立政权后，对于留居中国的蒙古人、色目人，明王朝实行强制同化的政策。洪武元年（1368年），太祖颁布诏书，"复衣冠如唐制"，禁止辫发、椎髻、胡服、胡语、胡姓，继之禁止色目人本类自相嫁娶。

明太祖曾敕建南京净觉寺，并有《御制至圣百字》云："乾坤初始，天籍注名。传教大圣，降生西域，授受天经，三十部册，普化众生，亿兆君师，万圣领袖。协助天运，保庇国民，五时祈佑，默祝太平，存心真宰，嘉志穷民，拯救患难，洞彻幽冥，超拔灵魂，脱离罪孽。仁覆天下，道冠古今，降邪归一，教名清真。穆罕默德，至贵圣人。"由此可见，其对伊斯兰教及回族总体上是宽容的。

《明实录》关于马煜的记载

永宁至曲靖古道威宁段

挥使。洪武八年（1375年），马煜协助贵州卫指挥使顾成修筑贵州卫城，建石门五道，西南临河，东北浚一池，画地置守。马煜躬自督功，城皆坚厚凝固。不久迁贵州都指挥使。政令明肃，人莫敢犯。水西城（位于今黔西）亦为马煜所建。洪武二十一年（1388年）十月，"置泸州、赤水、层台三卫指挥使司。时陕西都指挥使马烨（煜）征南还，言泸州与永宁接壤，乃诸蛮出入之地，宜置兵。遂从其言，调长安等卫官军一万五千二百二十人，置各卫。"洪武二十四年（1391年），景川侯曹震凿永宁河，马煜率永宁、赤水、毕节、乌撒四卫军夫治永宁至曲靖陆路，置永宁至沾益邮传四十八……马煜是明代在黔时间最长的回族将领，在黔中有一些关于他的传说流传，足见其影响之大。

明军攻取云南后，留守今贵州各地的明军大量增加。其中，就有回族将士。譬如：洪武十五年（1382年）沐英率军驻乌撒。洪武二十三年（1390年），蓝玉督师讨都匀。弘治十二年（1499年），沐昆（沐英后裔）率部属数万人征普安卫（治在今盘县），后驻安南卫（治在今晴隆）和普安卫。沐昆平定普安后，派兵修路、架桥、屯垦，减免田赋、役税，任用土目自治，这些绥靖措施，有利于消除对立情绪，化解民族矛盾。沐昆部属中有纳、撒、张、马、速、丁、桂、阮、海等姓回族人士留居当地。

这之后云南右卫（今昆明）人、嘉靖二年（1523年）进士孙继鲁（字道甫，号松山，回族，曾任户部郎中等职）于嘉靖十八年（1539

年）补黎平府（治今黎平县城）知府。孙继鲁"文学闳深，才识英迈，治郡三载，正法制饬，功令拯弱锄强，罢里甲，省烦苛，清白之名著于海内。擢湖广提学副使。去之日，老幼攀车，莫不涕泗交下"，"嘉靖二十一年，靖州参将周干德为知府。孙继鲁去任，黎民思之，建此（去思亭）以识遗爱，中为去思碑，绘像于上，仍为记。"孙继鲁曾游览威宁龙泉观，有《龙泉观》诗云：

● 威宁马家屯

　　　　陆海秋增色，云山翠列屏。
　　　　赤松餐坠露，黄石炼修龄。
　　　　草木摇新落，龙泉发旧硎。
　　　　登高如历井，鹏徙论南溟。

　　诗人以诗言志，借景抒情，思想深邃、意境高远。

　　现居毕节威宁、黔西南和安顺等地的回族大姓，有一些是明代迁入的。威宁《李氏家程（乘）》载："我族先祖公国安……于洪武年随傅友德、蓝玉、沐英等率领大军南下征服乌蒙，落业于海子屯。"威宁《松林马姓家谱》载："洪武十四年……我祖马能、马俊二公，随傅、沐、蓝三将转战滇黔，屡建战功，直抵威郡，得守乌撒卫之职，世居威宁城内。"威宁《下坝马家谱序》载："考堂祖原序，吾太始祖公讳无稽，于大明洪武二年（一说洪武十五年）

明代的屯民政策

　　明代除实行军屯外，还大力推行民屯、商屯。明永乐十一年（1413年）后，随着中原及江南地区汉族人的不断迁入，军屯、民屯和商屯大量增加，屯田93万亩（其中回族穆斯林聚居的乌撒卫、普安卫、普定卫屯田就达23.8万亩），加速了贵州农业的开发。一些来自西北和江南的回族军士及百姓参加屯田，他们与汉族等民族士卒、百姓一道，将内地的良种、先进耕作技术带到贵州。一批回族因参与军屯、民屯和商屯而定居贵州。

青山清真寺

授补乌撒千总，自陕西西安府长安县高坎子柳树湾奉委升迁贵州大定府，补任乌撒卫钦护守军门……"明《普安州志》载："不帖杰，安南千户所副千户。骁虽多谋，尝以计破贼，擒其渠首。边境用谧。"当时的安南守御千户所城在今普安青山杨那山。不帖杰的后裔落籍当地，改姓白，分居于青山及兴仁白家冲等地。威宁《太师马氏家谱序》载："吾家来威宁之起祖公讳泽源，窃窥其弊，守道不仕，于天启二年由柳树巷（位于陕西固原州）假贸易为名客游于黔。"威宁《马家屯马氏三公世系碑记》载，其祖原居陕西平凉府固原州柳树湾。至始祖，因军功留守乌撒卫，建节将军，世袭罔替，历 200 余年。

明代，朝廷从军事需要和发展经济的目的出发，重视边地驿道建设，为贵州经济发展提供了重要保证。明朝政府还要求各地为回族商人提供方便，洪武二十五年（1392 年），诏谕各地，对回族商人，要"与他住坐，恁往来府州县布政司买卖，如遇关津渡口，不许阻滞"。为外省回族商人进入贵州经商提供了有利条件。随着定居穆斯林人口的增多和经济实力增长，各聚居地开始修建清真寺。清真寺的建立，有利于增进穆斯林间的联系，而以清真寺为中心的宗教、文化活动，是凝聚民族力、传播宗教的重要形式。

宁静回村白家冲

● 回 族 五 提 督 ●

清初，一批陕西、宁夏、甘肃及河北等地回民将士随清军进入贵州，戍守各地。不少回族将领、官员在贵州任职。仅雍正三年到道光十八年（1725～1838年）就有马会伯、哈元生、哈攀龙、哈国兴、张国相5人先后出任贵州提督，其部属中有不少回民。回族大量迁入贵州，尤其是不少回民出任各级军政官员，提高了回族的社会地位。

第一个到贵州任提督的回族是陕西宁夏府（今宁夏回族自治区银川）人马会伯，时间是雍正三年（1725年）。马会伯为康熙三十九年（1700年）一甲一名武进士，授头等侍卫。后授直隶昌平参将，累迁云南永北总兵。后建功西藏。雍正元年（1723年）入觐，清世宗说他"有儒将风"，赐貂冠、孔雀

《清史稿》之"马会伯传"

翎。在贵州任内，恪尽职守，受朝廷嘉奖。《清史稿》载，雍正三年，马会伯"擢贵州提督，疏言：'贵州土瘠兵贫，臣捐谷千石，所属四营将备捐千石，贮以济兵。来岁续捐增贮。'上善之"。贵州广顺州，以长寨仲苗最悍，总督高其倬奏移兵设汛。建营房时，仲苗出阻，马会伯会同总兵官石哈礼率兵捕治，擒其首及川贩为主谋者李奇等，余众诣军前听命。马会伯又在宗角、者贡、谷隆关、羊城屯等地督建营房，得旨嘉奖。

第二个到贵州任提督的回族是直隶河间（今河北省河间）人哈元生。雍正二年（1724年），哈元生随贵州威宁镇总兵石礼哈来黔。雍正三年（1725年），升至贵州威宁

镇中军游击。雍正七年（1729年）二月，以军功擢升至安龙镇总兵。次年乌蒙土司兵再次反抗，鄂尔泰调兵三路分剿，哈元生由威宁一路直趋，不数日收复乌蒙。哈元生勇力过人，善骑射，又精通韬略，统带营伍恩威并济，深受皇帝的宠信。雍正皇帝深奖其功，赐给孔雀翎及冠服，赏白金一万两。雍正九年（1731年）擢升为云南提督，不久改任贵州提督。这年哈元生母亲年逾八十，皇帝赐予封诰。雍正十年（1732年），皇帝召见哈元生，命他在军机处行走。不久，返回贵州。雍正十三年（1735年），贵州古州厅（今榕江）苗族土司起兵抗清，北进至黄平。哈元生被授为扬威将军，但因朝廷协调贵州、湖南两地参战军队方式失当，哈元生又力主招抚，以致师久无功。经略张广泗弹劾哈元生徒事招抚，被罢官逮至京师，以贻误军机罪论斩。乾隆元年（1736年），皇帝免了哈元生的死罪，赐给副将衔，发往哈密军营效力。这个曾经威震云贵的提督军门，于乾隆三年（1738年）正月，以副将衔病逝于哈密军营中。乾隆皇帝深为惋惜，给其加总兵头衔，赐予祭葬。哈元生之子哈尚德，历任总兵、副将。

　　乾隆二十三年至二十四年（1758～1759年），直隶河间人哈攀龙任贵州提督。乾隆二十四年（1759年），云南、贵州一些地方局势不稳，哈攀龙上奏："可调哈廷梁、哈国兴同去。"乾隆准，遂令二人领军出征，使乌蒙及

河北省肃宁县文化广场上的哈攀龙塑像

武进士哈国兴（哈攀龙之子）画像

古州得以平定。乾隆三十三年（1768年）十月，哈国兴（哈攀龙之子）任贵州提督。

乾隆六十年（1795年），云南龙陵人张国相，随军出师贵州铜仁。次年随军赴湖南、四川、云南及西北等地。道光十八年（1838年）60岁的张国相出任贵州提督，"至黔两任，于二十五年以伤多辞休，请旨入籍贵州。蒙恩予告，准其入籍贵州，并赏食全俸，以养余年。……辞休后，居安顺四载。谢世时，年七十有五。……事闻，蒙圣恩轸念老臣，赐谥'壮悫'，予祭葬。"张国相曾捐资修安顺清真寺，并赠送"教中昆仑"匾额。

这些将领、官吏的部属有留居贵州者。民国《兴仁县志》载："雍正四年，清廷又派回族武将哈元生驻防盘江，以后哈曾任安龙府总兵和贵州提督，其部属定居于县境。至此，始在姑屯、潘家庄等地修建清真寺。"

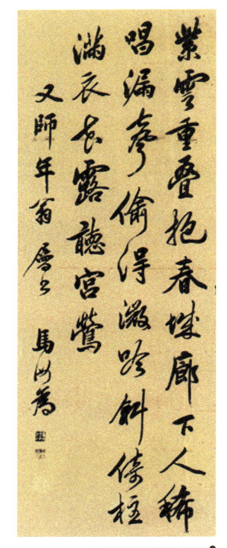

马汝为书法作品

此外，一些回民因为官、经商等入黔，有的落籍于此。云南元江人、康熙四十二年（1703年）的进士、书法家马汝为，于雍正二年（1724年）补贵州铜仁知府，在任3年，清正廉明，治声甚著。马汝为出身贫寒，最解民意。在铜仁府任上，常轻装简出，深入民间访察，洞悉疾苦，兴利除弊，平冤解屈。一次察知豪强霸田一事，凡被占民田，命随从在田边植树一株，并手书"皇法不容强占民田，知府马汝为到此"

挂于树，豪强见状，不敢顽抗，立即还田，并赔损失。后以其母年老，经奏准侍侧守终尽孝。雍正五年（1727年），安徽宣城人詹彬授贵州镇远知县，署印江县事。印江是汉族和少数民族杂处地区，常发生民族纠纷。詹彬对少数民族以诚相待，使民族矛盾得以缓解。不久，詹彬调思南府安化县。任满后，迁大定府通判，署黎平府知府。所到之处，一郡肃然。清乾隆年间，马华（原籍山西）随军进入云南。年久思乡，率亲属300余人北上回籍，沿途匪患猖獗，经遵义时留居下来。经营瓷器、鞋帽等，往返于云南、广西、重庆等地。

　　道光二十二年（1842年）五月至八月，山东临清人、道光六年进士洪梦龄任余庆县知县。任职期间"重待士子"。一位朋友说他当知县是大材小用，洪梦龄不赞成他的看法，态度严肃地说："知县乃亲民之官，为朝廷育人才，为制抚助赞衰，作国柱石臣者，皆依赖知县为基也。"

清代后回民三次迁徙贵州

　　清代之后，回族大量迁入贵州共有三次：第一次是抗日战争爆发后，沦陷区河南、安徽、江西等省及南京、武汉等市穆斯林大量逃亡贵州。仅贵阳的穆斯林就由50来人迅速增加到2000多人（抗战胜利后，有的返回原籍）。第二次是1949年底，一批回族干部随人民解放军进入贵州，参与接管贵州和建立全省各级人民政权。第三次是20世纪50年代末因国家建设需要，尤其是60年代中期开始的"三线建设"，大批回民职工亦随厂迁入贵州。他们都为建设贵州作出了贡献。

古丝绸之路上的驼队

回乡

HUIXIANG

FENGQINGNONG

风情浓

● 纯朴至美的服饰 ●

　　贵州回族服饰受伊斯兰传统服饰的影响比较大，尤其是近 30 年来，回族聚居区普遍流行阿拉伯服饰——男性多戴白帽；女性穿长袍，戴盖头。这些源于阿拉伯的服饰习俗，源远流长，影响深远。

　　早在唐代，阿拉伯服饰习俗就开始影响中国。唐初，随着大食与唐王朝的交往增多，其习俗为中土人士所认识，并由留居长安及沿海一带的阿拉伯（大食）穆斯林传承下来。据《新唐书》载："大食，本波斯地。男子鼻高，黑而髯。女子白皙，出辄障面。"《唐会要》也有类似记载：大食"其国男儿黑而多须，鼻大而长；女子白皙，行必障面"。这种服饰习俗对中土民众尤其是妇女影响较大，中唐诗人元稹《和李校书新题乐府·法

曲》云："女为胡妇学胡妆，伎进胡音务胡乐"，"胡音胡骑与胡妆，五十年来竞纷泊。"《旧唐书·舆服志》也说："太常乐尚胡曲，贵人御馔，尽供胡食，士女皆竞衣胡服。"

宋代以后，典籍对阿拉伯人的记载为"语音如大食。贵人以越布缠头。服花锦、白氎（dié）布……"宋代周辉的《清波别志》有相同记述："层檀，南海旁国也。贵人以好越布缠头。人之言语如大食。"元代由西域迁入中土者"居中土也，服食中土也，而惟其国俗是泥也"。《明史》也有伊斯兰教传入中国的记载："迄元世，其人偏于四方，皆守教不替。……常以白布蒙头，虽适他邦，亦不易其俗。"这些都证明回族服饰与古波斯、大食的渊源关系。

明代，由于朝廷禁止"胡服"，回族服饰传承的渠道基本上被阻滞。这种状况一直延续下来。20世纪80年代后，随着对外开放的扩大，回族服饰在回归的同时，获得创新和发展。

回族服饰是在继承阿拉伯服饰特点、吸收居住地民族服装元素的基础上逐步形成，时间上与回族的形成同步（元末明初）。贵州回族日常服饰与所在地区汉族服饰大体相似，但同时将本民族服饰习惯传承下来。过去，威宁回族男性喜欢包白帕（也有青色），不露顶；衣

唐代大食人俑的阿拉伯服饰

唐代阿拉伯人陶俑

回族妇女服饰

回族妇女服饰

服为白色和青色短对襟衣，袖口细短。上衣之外多套马夹（俗称褂褂）；裤子较为肥大。女性衣服为大襟短衣，多选蓝色衣料，腰系花围腰，衣服花色随年龄增长由鲜变素。下装依上装而配，衣裤以不同色为宜；鞋多为大花鞋。盘县一带的回族服饰，男装为立领对襟紧身窄袖短衣；女装为立领右衽紧身窄袖短衣。水城回族服饰，男子亦穿立领对襟紧身窄袖短衣，用白布或青蓝布包头；女子上衣亦有右衽立领紧身窄袖，惟领口、衽缘及袖口饰以花边，头包白帕，腰系花围腰。

　　20世纪80年代以来,随着社会经济的发展,交通、通讯手段的改善,回族青年一代有了更多接触外界的机会,审美观念也随之变化。在穆斯林聚居区,西装、休闲服、皮鞋、旅游鞋等逐渐流行起来,许多传统服饰已发生演变或已被取代。同时,带有明显阿拉伯风格的伊斯兰教传统服饰出现于回族生活中。尤其是妇女服饰,选择伊斯兰教传统服饰作为日常服饰的妇女逐渐增多。

　　回族参加宗教活动时所戴的头饰称"戴斯塔尔"(波斯语音译,意为"缠头巾"),穿的衣服称为"准白"。"准白"这种衣服在气候炎热的阿拉伯国家本为一种常服。在中国西北地区除阿訇外,其他穆斯林也常穿。但在贵州,只有阿訇和少数穆斯林在履行宗教功课或举行宗教庆典时才穿。

　　回族头饰较为丰富。男性头饰为"回回帽"。女性为盖头。

　　"回回帽",亦称礼拜帽,系一种无沿圆顶帽(也有六角形的,近年来还出现船形的)。"回回帽"历史悠久,其来源于伊斯兰国家习俗。

回族妇女服饰

高原放牧

据《旧唐书》载，波斯人"丈夫剪发，戴白布帽，衣不开襟，并有巾帔"。经长期演进，成为回族头饰之一。"回回帽"的类型较多，有双层、单层；印花或绣花，印或绣阿拉伯文字。用料以布为主；色彩多选白色和黑色，也有灰、蓝、绿等色。因为礼拜叩头时，前额和鼻尖必须着地，帽子无沿才方便，又可遮住头发，符合整洁卫生的要求，久而久之就发展为一种服饰艺术。

盖头为穆斯林妇女遮面护发的头巾。由于各地区习俗不同，盖头的样式也不尽一致。盖头约1米见方，质地为细棉布、丝绸、丝绒等，

"回回帽"

盖头（左侧式样通常做表演用）

颜色分绿、青（黑）、白三种。通常小女孩 9 岁开始戴盖头。老年人的盖头较长，后面一般披到背心处，颜色多为白色或黑色；姑娘和中年妇女较短，只披到肩上，颜色较鲜，有红、粉红、绿、蓝、棕色等。盖头的中间及边沿根据个人喜好，还可镶边、绣花等。戴盖头时要将头发、耳朵、脖子遮盖住，只露出面孔。在家中无客人时可不戴盖头，但出门必须戴，有的还另加戴面纱。伊斯兰教法规定，妇女除手足外，其他均属应遮盖的"羞体"，必须予以遮盖，以防邪恶。20 世纪 80 年代以来，在回族聚居的村寨及城镇区，妇女多数都按伊斯兰

回族女性服饰

教教规戴盖头。近年来，随着文化交流的开展和回族文化的创新发展，为了适应舞台表演和民族风情展示活动的需要，各地均制作了一些专门用于表演的回族服饰。这类服饰，以女装最具特色，不仅色彩鲜艳，用料考究；而且款式繁多。

轻舟逐流

● 独 特 的 语 言 "经 堂 语" ●

"经堂语"在回族内部使用已有五六百年的历史。"经堂语"的形成有一个过程。

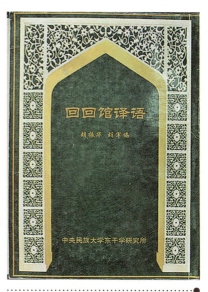

唐、宋时期，由波斯、阿拉伯等地来华从事贸易的穆斯林商人，因路程远，携带的货物量大，故多为数十人结伴而行。进入中国后，在广州、泉州、扬州、杭州、长安等城市中形成一些聚居区域，这些穆斯林商人群体也就保留了原来的语言文字。《天下郡国利病书》载："自唐设结好使于广州，自是商人立户，迄宋不绝。诡服殊音，多流寓海滨湾泊之地，筑石联城，以长子孙。"可见当时来华经商的波斯、阿拉伯及其他国家的商人均保持自己的服饰和语言。

胡振华、胡军编《回回馆译语》

南宋岳珂《桯史》中说，穆斯林"称谓聱牙"，刻的"异书""如篆籀"，指的就是他们的语言文字。元代，阿拉伯语言在回族人内部流行。元代陶宗议在《南村辍耕录·嘲回回》中，记载了回族人语言："阿剌，其语也。"

元代，朝廷要求一些文书要用蒙古文、"回回文"、汉文三种文字书写。"回回"文字在社会上得以确认。徐霆的《黑鞑事略》把当时元朝通行波斯文称作"回回字"。泉州元代石碑，有不少刻有阿拉伯文字，说明当时阿拉伯文在一定范围内使用。元代，朝廷为了妥善处理语言、文字及宗教信仰方面的一些问题，还专门设立了"回回国子学""回回国子监"等学习研究"回回"语言文字的机构。

明代，朱明王朝施行歧视和压制少数民族的政策，也波及回族。洪武元年（1368 年），朱元璋下诏禁止"胡

服、胡语、胡姓";洪武五年（1372年）又禁止蒙古人、色目人本类自相嫁娶。回族使用的语言、文字受到禁止。

为适应这种形势，回族对伊斯兰文化、习俗等，作了某些不伤主旨的改变。如，学习汉文化，研究儒家经典，有的还参加科考博取功名；生活习俗方面（居住、服饰、语言等），只要不影响到对伊斯兰教的信仰，都尽可能做一些适应性改变，以减少回族文化立足和发展的阻力。

明朝政府为了处理国内民族事务，加强与周边国家之间的联系，朝廷非常重视语文翻译事务。永乐五年（1407年），在翰林院下设

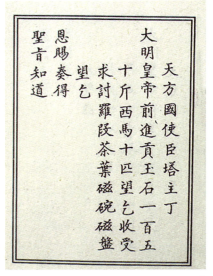

"回回馆"来文

立了一个专门负责语文翻译事务的机构，叫作"四夷馆"，其下有鞑靼、"回回"等八个馆。四夷馆各馆编印的民族语言与汉语对照的分类词汇集叫做"杂字"，把上述地区、国家上书给大明皇帝的奏折写成汉文再附上民族文字（或外文）译文的文书叫做"来文"，合称"译语"，均存各馆。存于各馆的"译语"统称作"华夷译语"。"回回馆"的设立和《回回馆译语》的编纂，反映了明朝中央政府与伊斯兰教国家、地区和国内信仰伊斯兰教民族之间的密切联系，表现了明朝中央政府对国内外回族事务的重视，也证明阿拉伯国家和中国回族所使用的文字，当时仍在一定范围存在。到了清顺治元年（1644年），四夷馆改名为"四译馆"。乾隆十三年（1748年），四译馆并入"会同馆"，更名"会同四译馆"，属礼部管辖。

　　贵州回族通用汉语，但在宗教生活和回族内部交往中，还使用一些短语和专用词汇。这种语言形式被称作"经堂语"，它是随着经堂教育的发展而形成，并在回族中普遍流行的一种独特的语言。

　　经堂语的语源有三种：阿拉伯语、波斯语、汉语。贵州回族先民多来自阿拉伯、波斯及中亚一带，在民族和家庭内部长期使用阿拉伯语和波斯语。其后，经不断发展变化，回族

阿拉伯文书法

《御定渊鉴类函》关于四夷馆的记载

回族日常用语

源于阿拉伯语的词汇:安拉,真主,伊玛尼,信仰,海里凡,清真寺经堂学员,顿亚,世界,哈吉,对朝觐者的尊称,阿米乃,祈主准我所求,安拉呼艾克拜热,真主至大,鲁哈,灵魂,所得格,对各种施舍的统称,塞瓦布,安拉对穆斯林善行的赏赐,塔阿目,食品,讨白,向真主悔罪的方式。

源于波斯语的词汇:胡达,真主,阿訇,主持清真寺宗教事务者,邦克,宣礼,乃玛孜,礼拜,朵斯梯,朋友、教友,杜什曼,仇敌、对立者,古纳哈,罪恶、罪孽,埵子海,火狱,别麻热,疾病。

由汉语中借用的词汇:定然,前定、天命,知感,知真主之恩,感谢真主,带水,洗过大净,造然,创造、安排,口唤,许可、命令、允诺,看守,品德修养尊经行事等,乡老,清真寺寺坊管理机构成员,打散,穆斯林将财物捐赠给贫困者。

已通用汉语、汉文,但在回族内部仍继续保留和使用着不少阿拉伯语、波斯语词汇,外来语和汉语搭配组合的词汇,以及由汉语中借用来表达伊斯兰教术语的词汇。有学者统计,这类词汇、短语有1000多个(条),内容包括宗教活动、生活习俗和生产活动等。回族中使用阿拉伯文的范围主要是在宗教活动中使用,如写"都阿"(祈求、祈祷);写"依札布"(结婚时请教长或阿訇念经,写结婚证书);清真牌上写的"清真言""作证词""泰斯米叶""求护词"等。清真寺和伊斯兰教经学院的《阿拉伯语》和《古兰经》课,

阿拉伯文书法

阿拉伯字母拼读、书写练习是基础，毕业学员的阿拉伯文要达到一定水平。在清真寺和回族家中，都有阿拉伯文书法（内容多为祈祷词或《古兰经》的章节）。受汉文书法的影响，通常将阿拉伯文写成菱形或圆形。这种书法艺术形式俗称"经字画"，就是以书法的技巧书写"经字"（阿拉伯文的《古兰经》、圣训章句）而构成"画"（各类图案）。"经字画"常见于清真寺和回族家中。

经字画

经字画

● 回族名字的意蕴 ●

回族日常用经名（阿拉伯名）

女性用名：阿依莎（活泼、幸运，先知穆罕默德之妻名）、阿苏玛（卓越、珍贵）、埃玛丽（希望）、艾米娜（忠实的）、法蒂玛（先知穆罕默德之女名）、哈丽麦（和缓、忍耐）、哈妮发（忠诚的信徒）、贾米拉（美丽）、克里麦（慷慨大方、高贵）、海迪彻（先知穆罕默德之妻名）、麦姆娜（吉祥如意的、享福受惠的）、鲁格燕（先知之女名）、索菲雅（纯洁、友好）。

男性用名：阿卜杜勒·阿里（真主的仆人）、阿拔斯（严肃的）、阿里（高贵）、艾敏（忠实者）、艾布·帕克尔（第一任正统哈里发）、达乌德（古代先知名）、尔撒（古代先知名）、哈桑（美丽）、叶哈雅（古代先知名）、易卜拉欣（古代先知名）、伊斯玛仪（古代先知名）、马立克（《古兰经》所记天使之一）、穆罕默德（伊斯兰教创传人）、穆萨（古代先知名）、努尔曼（古阿拉伯人）、苏莱曼（古代先知名）、欧麦尔（第二任正统哈里发）、奥斯曼（第三任正统哈里发）、优努斯（古代先知名）、优素福（古代先知名）。

通常一个人只有一个名字，加上小名，也不过两个。但回族会有3～4个名字。回族除了学名和小名外，还有一个"经名"，如系"朝觐者"，还会以"哈吉"（意为"朝觐者"）称之。

"经名"又称"回回名"。起经名指穆斯林请阿訇到家中以阿拉伯语或波斯语为婴儿命名的仪式。起经名通常是在婴儿出生后的第3天或第7天，请教长或阿訇到家中。由家人抱着婴儿站在屋内，阿訇站在门槛外。阿訇对着婴儿低声念"邦克"（即在清真寺宣礼楼上高声召唤教众上寺礼拜的招拜词，亦称"大宣礼词"），再念"尕麦体"（即教众进入礼拜殿后，宣礼者招呼大家排好班准备礼拜的招呼词，亦称"小宣礼词"），然后朝婴儿右耳轻轻吹气，用手挡住其左耳。接着将为婴儿起的经名告诉其家长，然后做都阿。这种仪式表明婴儿一出生，就把他（她）由清真寺之外召唤到清真寺，进了礼拜殿的大门，成为一个穆斯林。

经名一般是从《古兰经》中提到的先圣、先贤以及圣妻、圣女的名字中选取。男孩（男性）通常选用《古兰经》中提到的25位具有忠诚、勤奋、坚毅、果敢美德的先圣、先贤之名（如，穆罕默德、易卜拉欣、优素福、苏莱曼、尔撒等），其他常用名还有300余个；女孩（女性）则多用圣妻、圣女之名（如，海迪彻、法蒂玛、阿依莎等），其他常用名还有200余个。

回族名片式样

　　经名习惯上只在家庭中和穆斯林内部使用。孩子长大入学时，家长又为其起一个汉文名字，作为在学校和社会上使用。也有少数人不再起汉名，而将经名冠以姓氏，如，张阿里、马阿卜都、纳阿依莎等。近年来，有的穆斯林还选择经名与汉文姓名联用的形式，如，尔撒·××、法蒂玛·×××、优素福·×××、穆罕默德·阿里·×××等。这种方式的主要目的还是为了表明自己的穆斯林身份，虽然并不规范，因为经名和汉名是两个单用的名字。但目前这种用法已较为普遍，并为人们所接受。对到过沙特阿拉伯麦加朝觐者，对他们一般不叫名字，人们都尊称为"哈吉"（在前面加姓），如"张哈吉""李哈吉"等，相当于一个名字。在印名片时，会将三个本来独立的名字连在一起，印成"哈吉·苏莱曼·×××"、"哈吉·阿卜杜勒·拉哈曼·×××"等样式。

回族名片式样

● 割礼利卫生 ●

阿拉伯国家割礼仪式

"割礼"为阿拉伯语"海特乃"的意译，指为割掉男婴阴茎包皮而举行的一种仪式。

相传，先知易卜拉欣曾奉安拉之命，要求其后裔中所有的男子都必须履行割礼。阿拉伯人视自己为易卜拉欣的后裔，便将这一习俗沿袭下来。

割礼在12岁以前进行（伊斯兰教法规定12岁为成年）。按伊斯兰教的规定，男孩子到12岁就要承担宗教义务，履行"天命"和"逊奈"的宗教功课。因此要实行割礼，开始他的宗教生活。

"割礼"一般是在清真寺举行，由专门的宗教人员施行，通常采取最简单的冰冻麻醉法。富裕人家给孩子作割礼时，还要宰羊、念经、请客，以示庆贺。

见面说声"色俩目"

回族见面时都要相互问候，致"色俩目"。

"色俩目"为阿拉伯文的音译，又译作"色兰""赛俩目"。原意为"和平""平安"，是穆斯林相互祝福问安用语。"色俩目"的全文是："安色俩目尔莱库目！"意为："愿主的安宁降临于你们！"回祝词为："吾尔莱库目色俩目！"意为："愿主的安宁也降临于你们！"

"色俩目"虽然是问候语，但与一般的问候语，如"你好""早上好"之类又有着很大差别。最根本的就是这句问候语带有深切的民族和宗教含义。回族人见面说声"色俩目"，在表明自己的穆斯林身份的同时也表明对伊斯兰教教规的尊崇，穆斯林间的距离一下子就拉近了。

贵州回族男高音歌唱家马关辉演唱《安赛俩目》

贵州回族男高音歌唱家马关辉的歌曲《安赛俩目》完整地表达了"色俩目"的含义，歌曲唱到：

> 见面打一个招呼，说声安赛俩目，
> 万事顺心又如意，相处也和睦。
> 见面打一个招呼，说声安赛俩目，
> 心情愉快又舒畅，心头热乎乎。
> ……
> 离别打一个招呼，说声安赛俩目，
> 愿你一帆风顺，事业更通途。
> 离别打一个招呼，说声安赛俩目，
> 愿你幸福又吉祥，一路多保重。
> ……

穆斯林对向他问安的人，必须回敬祝安词。

致祝安词一般都是外来者先向留住者致祝，少数人向多数人致祝，年幼者先向年长者致祝，乘骑者向步行者致祝，客人向主人致祝，穆斯林向阿訇致祝，学生向老师致祝，男子向妇女致祝，丈夫向妻子致祝。听到有人向自己说"色俩目"，必须立即以"色俩目"答之；如果一群人听到有人说"色俩目"，至少须有一人答以"色俩目"。此外，穆斯林互通信件，或在一定场合演说、发表谈话时，都要首先向对方或听众道"色俩目"；穆斯林礼拜时，跪坐毕，先右后左道"色俩目"，以表示出拜。

伊斯兰教认为，说"色俩目"是庄严的事，须恭敬为之。故有一些场合不宜说，如：（1）别人在诵读《古兰经》时；（2）在水房中赤体沐浴时；（3）在厕所及其他污秽处。有人说，没有"大净"的人不能说"色俩目"，这是不正确的说法，教法上并没有规定以身净为说"色俩目"的前提条件。

● "汤瓶" 的传说 ●

汤瓶，是回族家中必备之物，它是洗漱用具，除了做小净、大净外，一般回族家庭都用它来洗手、洗脸、漱口、净身。

汤瓶壶嘴较小，用时倒出来的水流也很细，体现了节俭的精神。直到现在，生活在干旱地区的回民，仍在使用汤瓶。

汤瓶，古时称"军持""君池""大食瓶"或"执壶""洗壶"等，意为水瓶或水壶。其制作工艺和样式源于古波斯一带波斯萨珊王朝时期，其制作工艺达到很高的水平。

据传，唐代"安史之乱"时，唐王为平内乱，派人到西域大食国借救兵。大食国国王派大将率兵 5000 前来相救。大食人善骑马射箭，作战勇猛顽强，很快平息了叛乱。在唐肃宗的执意挽留下，有 3000 名将士留居长安。唐肃宗担心他们思念家乡亲人，就给他们娶了妻子，还命令工匠依照波斯一带的样式用金和铜铸造洗壶，按级别分发给大食将士。因洗壶很像当时的一种瓷瓶，人们便将洗壶称作"瓶"。因洗壶为唐朝皇帝所赐，也叫做"唐瓶""唐壶"或"唐瓶壶"。在中国古代汉语中"汤"的本意指"热水"，"唐"的谐音又是"汤"，后来就称之为"汤瓶"，并成为穆斯林沐浴用的水壶的专用名。

汤瓶

威宁回族汤瓶舞

　　关于汤瓶的来历，还有一个说法。相传，初唐时期，有一天夜间，唐王李世民梦见金殿的大梁要倒塌，只见一个身穿绿袍、头缠白布、肩搭一条白毛巾的深眼窝、高鼻梁、长胡须的大汉，左手提一个汤瓶，右手向上一托，把大梁顶上去了。第二天，唐王召集文武大臣圆梦。群臣一时语塞，都不吭气。此时，宰相徐茂公上前说道："这是西域'回回'，身穿绿袍、头缠白布是他们礼拜的衣裳，毛巾、汤瓶是他们用来洗浴的，唐朝江山要靠西域'回回'来保。"唐王问："何以见得？"徐茂公说："此大汉是西域'回回'，梦中的宫殿是朝廷江山，托梁者是帮助之人也！"众臣听了，都觉得有理，很是佩服，但又暗中思忖："如今天下太平，百姓安居乐业，怎会动乱？"过了一年，发生"安史之乱"，举国震惊。叛军气势汹汹，唐兵抵挡不住。唐王连忙派徐茂公到西域去求援，西域王当即答应出兵，由大将宛尕斯带领前去相救，叛乱得以平定。之后一些西域兵留驻长安。唐王给他们纳了汉族妻子，并修建了几座清真寺，还命手下工匠特制了一个精美的金壶赐给宛尕斯，给他洗浴用，这个金壶叫"唐瓶"。

　　后来，"汤瓶牌"逐渐成为回族的专用标志。对于这个演化，相传，在元朝末年，朱元璋率兵起义。有一天，在河北沧州地区某一回族村庄附近，起义军和官军展开激战，起义军的一名军官被敌军砍伤，生命垂危，幸而被一位回族姑娘救下，将他背到家中，包扎好伤口，护理调养。义军军官看到村姑家中有汤瓶壶，便知道这是一户回族人家，伤愈临行时千恩万谢，他嘱托说："今后，你们'回回'家门口挂上汤瓶壶，我们义军就知道了，一定尽力保护。"打这以后，一有战争，村里的回族人就在门口挂上汤瓶。后来，明朝回族大将军、开国元勋常遇春知道了这件事后规定："凡我'回回'者，都挂汤瓶也！"自此，回族人家挂汤瓶的做法蔚然成风，久而久之，不但回族人家挂，回族人开的饭馆、饮食摊点及其他回族经营场所也挂起了汤瓶，后又改成画有汤瓶图案的木牌，相沿成习。早期的汤瓶牌多为木制，汤瓶图案边写"西域""回回""清真"等字样，并配以香炉、花草等图案衬托。

明朝大将常遇春画像

作为清真标志的汤瓶图案

回族和伊斯兰教历

伊斯兰教历计算方法

伊斯兰教历以太阴圆缺一周为一个月，历时29日12小时44分2.8秒，太阴圆缺12周为一年，历时354日8小时48分33.6秒。每年12个月中，6个单数月份（即1、3、5、7、9、11月）为"大建"，每月30天。6个双数月（即2、4、6、8、10、12）为"小建"，每月为29天，在逢闰之年，将12月改成大月，为30天。该历以30年为一周期，每一周期里的2、5、7、10、13、16、18、21、24、26、29年，共11年为闰年，不设置闰月，而在12月末逢一闰日，闰年为355日；另外的19年为平年，每年354日。故平均每年为354日8小时48分。按该历全年实际天数计算，比回归年少10日21小时1分，积2.7个回归年相差一个月，积32.6个回归年相差一年。

公历、农历、伊斯兰教历对照表

走进回族人家，几乎都能见到一种"公历、农历、伊斯兰教历对照"的日历，其中的伊斯兰教历，清楚地标明了伊斯兰教节日的时间，这是为了方便回民查找和掌握斋戒、朝觐、节日等宗教活动时间。但细心查看就会发现，回族的三大节日对应于公历每年的日期都会向前推10天左右。

伊斯兰教历也称希吉来历，是伊斯兰国家和世界穆斯林通用的宗教历法。中国旧称"回回历"，简称"回历"。

"希吉来"系阿拉伯语音译，意为"迁徙"。619年和620年，伊斯兰教先知穆罕默德的保护人艾卜·塔里布和妻子赫蒂彻相继逝世后，穆罕默德在麦加的传教活动屡遭古来什贵族的排斥和干扰。620～621年朝觐期间，穆罕默德受到来自雅斯里布（麦地那）哈兹拉吉族和奥斯族朝觐者的拥戴。随后，穆罕默德便劝令他的信徒分批秘密迁往雅斯里布，最后麦加只剩下密友艾卜·伯克尔、堂弟阿里和他自己3人。古来什贵族闻讯决定刺杀穆罕默德。穆罕默德得知后，偕同艾卜·伯克尔一起连夜从小路逃出麦加，躲过古来什人的追捕，经过长途跋涉，终于在622年9月24日安全到达雅斯里布，受到先期到达的穆斯林和当地居民的隆重欢迎。雅斯里布遂改名为"麦地那·纳比"（意为"先知的城"），简称麦地那。17 年后，伊斯兰教第二任哈里发欧麦尔为纪念穆罕默德于 622 年率穆斯林由麦加迁徙到麦地那这一重要历史事件，决定把该年定为伊斯兰教历纪元，以阿拉伯太阳年岁首（即儒略历公元 622 年 7 月 16 日）为希吉来历元年元旦。希吉来历自创制至今 14 个世纪以来，一直为阿拉伯国家纪年和世界穆斯林作为宗教历法所通用。

希吉来历与阳历、农历的有较大差别。希吉来历是纯太阴历法，阳历是纯太阳历法，农历是阴阳兼顾的历法。阳历（又称公历），是以地球绕太阳运动作为根据的历法。阳历以午夜零点为新一天的开始。农历（又称太阴历、阴历、旧历、夏历），主要根据月亮圆缺变化的周期（即朔望月）来安排的历法。希吉来历是典型的太阴历。希吉来历以日落为一天之始，到

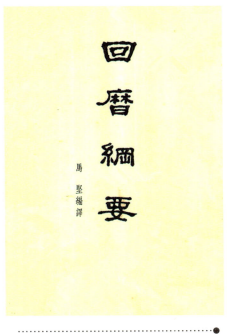

回族学者马坚编译《回历纲要》

次日日落为一日。以太阴圆缺一次为 1 月，集 12 个月为 1 年，这样 1 平年即为 354 日，比公历少 10 天左右。布吉来历法不设闰月，只是每 3 年有 1 个闰日。所以伊斯兰教的斋月（希吉来历的 9 月）对应公历，每年均要往前推 10 ~ 11 天。伊斯兰教的节日和纪念日亦按此向前推 10 天。譬如，2012 年（希吉来历 1433 年）开斋节为 8 月 19 日，2013 年（希吉来历 1434 年）开斋节为 8 月 8 日。

希吉来历每年 9 月（莱麦丹月）为伊斯兰教斋戒之月，对这个月的起讫除了计算之外，还要由观察新月是否出现来决定。即在 8 月 29 日这天进行观测，如见新月，第二日即为 9 月 1 日，黎明前开始斋戒，8 月仍为小建；如不见新月，第三日则为 9 月 1 日，8 月即变为"大建"。到了 9 月 29 日傍晚，也需要看月，如见新月，第二天就是 10 月 1 日，即为开斋节，9 月变成"小建"；如未见新月，斋戒

必须再延 1 天，9 月即为"大建"。12 月（祖勒·希哲月）上旬为朝觐日期，12 月 10 日为宰牲节日。该历的星期，使用七曜（日、月、火、水、木、金、土）记日的周日法。每周逢金曜为"主麻日"，穆斯林在这一天举行"聚礼"。

希吉来历于元至元四年（1267 年）正式传入中国，后朝廷编撰该历颁行全国，供穆斯林使用。至元十三年（1276 年）后，元朝廷颁行的郭守敬"授时历"及明代在全国实行的"大统历"，均参照该历而制定。希吉来历对中国历法的影响，达 400 年之久。

马坚等回族学者对伊斯兰教历做过研究和介绍。其中马坚译《回历纲要》（1955 年中华书局出版），分四个部分对伊斯兰教历做了介绍。

威宁回族过开斋节

QINGZHEN

清真
WEIXINMEI
味馨美

● 油香 ●

　　油香，是回族对油饼的特称。油香原为阿拉伯、波斯等地区食品。因为阿拉伯、波斯地区主要农作物是小麦和大麦，制作麦饼是他们的专长。

　　关于油香的来历，有多种传说。其中有三种最具代表性。其一，说伊斯兰教初传时期，穆罕默德率军出征，一天，队伍因缺粮而发生恐慌。为稳定军心，穆罕默德密令阿里在山顶将剩余的面用盐水和好，放入油中炸之，于是香气四溢，士卒闻之，认为粮食充足，军心大振。敌方惊惧不已，迅速逃走。后来人们以食油香纪念这次胜利，并相沿成习。其二，油香是元代从古波斯的布哈拉（今乌兹别克斯坦西南部）和伊斯法罕（今伊朗中部历史名城）传入中国，原为这些地区

回族饮食，通常被称为"清真饮食"，其含义为："回族穆斯林食用的、符合伊斯兰教法律例的食物。""清真"一词来自古汉语，本意是指人格、道德或气质纯洁质朴。后来回族穆斯林学者根据伊斯兰教信仰真主，崇尚清洁的教义，多选用"清真"、"清净"一类词译称伊斯兰教或礼拜寺。明末清初，中国伊斯兰教学者王岱舆诠释"清真"的含义为："纯洁无染之谓清，诚一不二之谓真。"因此，在中国清真饮食实际上就是伊斯兰教饮食。

回族饮食原则是：本身洁净且对人有益的可食。禁食之物有4种：(1)自死物；(2)血液；(3)猪肉；(4)诵非真主之名而宰杀的动物。

可食动物有牛、羊、骆驼、鸡、鸭、鹅、鸽，腹下有翅、身上有鳞的鱼类。禁食凶禽猛兽、食肉的和一切形状怪异、不洁的动物，如猪、狗、狮、虎、熊、狼、豹、青蛙、鳄鱼、马、驴等。

油香是一种中国化的阿拉伯食品。笔者1998年随中国伊斯兰教朝觐团到沙特阿拉伯朝觐和访问时，品尝过各式阿拉伯面饼，但没有见到过类似中国油香的食品。

有学者根据回族民间传说推测：油香是源于穆罕默德创传伊斯兰教初期宗教活动中的食品。但其传入中国并演化为回族习俗时，保留和扩展了宗教性，即炸油香时要请阿訇念经，掌锅人要做大、小净，道"泰斯米"等。食用时掰着吃，可能源于穆罕默德将炸好的油香"先撕开一块，分给众穆斯林"之举，是对圣行的模仿与因循。

待客的食品。其三，穆罕默德自麦加迁往麦地那时，当地穆斯林均准备丰盛饮食，争先恐后地邀请穆罕默德到自己家中去。为了不伤及穆斯林的热情，穆罕默德就说："我的骆驼停在哪一家门前，我就到哪一家做客。"穆罕默德跟随骆驼来到比较贫穷的阿尤布老汉家，阿尤布老汉喜出望外，但他家里只有白面和油。老人家就把面和好，用油炸后分给穆罕默德和其弟子吃。穆罕默德吃后大加赞赏，并将香脆可口的油饼命名为油香。

唐代伊斯兰教传入中国，油香这种特色食品也随之带来。

油香的种类很多，贵州有甜油香和咸油香两种。制作油香的主要原料为面粉、糯米粉、糯高粱粉等。常见的制作方法为：在白面中放入一定比例的盐（若系甜油香则加红糖），用开水搅拌和匀，反复揉压后切成大小相等的面团，擀成圆饼状（一般直径为10厘米，厚0.5厘米），放入油锅中炸熟即可。由于油香这种食品是随伊斯兰教传入的，其意义便带有宗教性质。因此，炸油香、吃油香就有一些相应的规矩。

通常在祝福、庆贺、纪念或哀悼等场合，如庆贺古尔邦节、开斋节、圣纪节，以及举行割礼、婚礼、纪念亡人等才炸油香。炸油香要请年长和有经验者负责，参加者要洗大净。炸时严禁非穆斯林观望。油香可馈赠亲

炸油香

友邻居，招待宾客。有的穆斯林在斋月要做油香送清真寺，给参加礼拜的人吃。

　　吃油香时，要将面子拿在上面，顺边沿掰着吃。忌讳一口一口咬着吃。有的地方可以用手撕成两半后咬着吃，但忌讳将完整的油香直接咬着吃，这也是各地回族吃油香共有的特点。

　　开斋节各清真寺有传油香仪式。开斋节这天到清真寺参加会礼，各家将自己炸的油香带一些到清真寺去，由专人收集后，统一放在一个或几个大簸箕里面。会礼完毕，再由清真寺组织人分发给到清真寺参加庆祝活动的穆斯林。这样，即可品尝到别人家的油香，又增进了回民间的感情。

传油香

● 馨香牛干巴 ●

　　回民喜食牛肉，但过去没有冷冻设备，新鲜牛肉不易保存。

　　相传，元初回族将领赛典赤·赡思丁出任云南平章政事。其军中将士有不少是穆斯林，喜欢食用牛羊肉，但云南气温较高，新鲜牛羊肉少了，不够供给；多了保管有困难。军中有一位穆斯林粮秣官，在军中牛肉多时，将未吃完的鲜牛肉抹上食盐风干后贮藏起来。当赛典赤品尝这种干牛肉时，感觉味道极佳，便询问厨师缘由。厨师如实告知。赛典赤大加赞赏，令全军推广此法。贵州威宁在元代时属于云南行省，屯戍威宁的元军穆斯林将这一方法带入威宁，逐步完善了腌制牛肉的方法，创造了"牛干巴"这一特色食品，这种习俗仅见于贵州和云南回民中，有很强的地域性。

　　牛干巴制作方法为：选择用精饲料喂壮的菜牛，在冬至过后宰杀（此前的牛肉水分重，腌出来味道差），之后按部位规整地分割为24块，分割好的鲜牛肉置于干净

牛干巴

的簸箕上，放在通风和阴凉的室内（不得让肉受日照和沾生水），使内部冷透。五六个小时后，表层起风干膜、血水排净，即可腌制。腌制时将炒过的盐（每公斤牛肉放 30～40 克盐）及适量花椒、胡椒、八角、草果粉均匀地撒在牛肉表面，用力揉搓，使盐渗进肉内。过几分钟再撒盐揉搓一次，放进瓦缸里，将剩余的盐撒在表面，用塑料薄膜封口（过去用棉纸），盖上盖子，放在阴凉

处。此后过 5 ~ 6 天要翻一次，将缸面的肉换到缸底，以便腌得均匀。约 15 天出缸。出缸后，将腌制好的干巴置于通风的地方风干。晾晒时须仔细检查有无蝇卵和异味。一般晾晒 5 ~ 6 天，肉面干硬呈板栗色，即可移至通风、阴凉的室内保管待食或出售。

用传统工艺腌制牛干巴，其目的是为了在气温较高的云贵地区保存牛肉，因此为了防止牛肉腐败，用盐量高，咸味较重，保质期仅半年左右，半年后干巴因水分减少而变硬，表面会起一层白色盐霜，质感较差。近年来，随着保鲜袋及真空包装的使用，腌制牛干巴，可以降低用盐量，又能保持干巴的色泽红润，咸味适中，使保质期延长，同时携带方便，为远销及家庭保存创造了条件。

牛干巴的烹调过程比较简单，先将牛干巴切成薄片，用油炒（炸）熟即可食用。回族牛干巴主要有切薄炸香脆和切厚煎软两种吃法，后面的这种吃法更具有回族口味。切牛干巴讲究刀法，应横丝而切，这样切能薄能厚，便于咀嚼。

牛干巴最常见的吃法是油煎，可以调以干椒、薄荷等，煎嫩一点则柔韧有嚼劲，煎透些则脆香。牛干巴特色菜有"牛干巴炕豆豉""牛干巴炒干辣椒""牛干巴炒酸菜""牛干巴炒蒜薹""牛干巴炒竹笋"等。

炒牛干巴

● 红烧牛肉香飘千里 ●

　　红烧牛肉这道菜，几乎在产牛的地方都有，但唯有回族的红烧牛肉最有名。做红烧牛肉不难，在书上或网上查一查很快就能学会，但要论味道还是回族的红烧牛肉最独特。回族红烧牛肉，汤艳肉酥，汁厚味鲜，深受各族人士的欢迎。

　　过去，贵州回族人家生活水平不太高。尤其是农村，能养牛的家庭不多。养了牛的人家，宰牛时牛肉也主要是用来腌制牛干巴，以备来年天热后食用。但既然宰了牛，红烧牛肉是一定要做的。不过用的肉都是"边角料"，因为，大块的牛肉都要留来腌制牛干巴。其实，许多人并不了解，做红烧牛肉最好的肉就是"边角料"。

　　到了冬季，回民家中宰了牛，就要将几乎一年没有用过的大炖罐拿出来，另外生一个大火，专门用来做红烧牛肉。红烧牛肉做好了，要请来亲戚朋友一起享用。回民家中宰牛算一件大事。宰牛这一天，

红烧牛肉

红烧牛肉

家中很是热闹，简直相当于过节。

　　如今，人们的生活水平普遍提高了，好吃好喝的多了。许多过去稀罕的菜，已成了家常菜。但红烧牛肉仍是回民人家的主菜。

　　做红烧牛肉很简单，方法都一样。将新鲜牛肉切成小块，放入锅中以旺火焙干，加食盐、酱油、红糖，以及八角、花椒等香料，煸炒至牛肉入味并呈深黄色时，加入清水，入锅炖熟即可。

　　"土豆烧牛肉"更是许多清真餐馆的必备菜。其方法是把土豆洗净去皮后切成小方块，过油炸成橘黄色（不炸也可），待牛肉烧至七成熟时，将土豆放入锅中同烧。做法不复杂，但做出来味道如何，就看各自的手艺了。"冰冻三尺，非一日之寒"，学习技艺也有一个循序渐进的过程。

● 妙方清真牛肉菜 ●

　　回族主要肉食为牛肉，因此，清真菜中，牛肉的烹饪方法最多。其中，清炖牛肉、卤牛肉和凉片牛肉可谓代表之作。

　　清炖牛肉是回族人家待客的主菜之一。清炖牛肉以其肉酥、汤鲜、色纯、味正而广为流传。如今不仅回族人喜爱，也受到其他民族的青睐。清炖牛肉、红烧牛肉、牛干巴也是清真餐馆必备的菜。

　　做清炖牛肉，要注意一些细节。首先是选牛肉。回族选购牛肉必须选阿訇亲自宰的肉。阿訇宰牛，除宗教方面的意义外，还有一条就是要检查牛是否健壮。对有病的、残疾的牛，阿訇是不宰的。这是教规的要求。牛选得好，其肉当然味好。正是由于这个原因，现在市面上回族卖的牛肉价比其他牛肉摊点的要高出许多。

　　选好了牛肉，接下来就是选取作料。清炖牛肉要求色纯味正。有些人在炖牛肉时，为了增添香味，会加大量作料，如花椒、胡椒、八角、草果、姜片、干辣椒、香叶、桂皮、白芷、山楂片、小茴香、陈皮、味精等，什么都往里放，而且量很大。殊不知，作料放多了，其味会

清炖牛肉

相互抵消，作用也受到限制。回族炖牛肉，只放适量八角、花椒等。

炖牛肉主料为黄牛肋条肉。将黄牛肋条肉洗净，用冷水漂半小时，切成小方块，待锅中水烧开，将牛肉放入锅内，在旺火上烧开后，撇去泡沫，加入适量老姜、八角、花椒等作料，文火炖熟。吃时切片，加入适量食盐。清炖牛肉的特点色洁肉酥，汤清味鲜。清炖牛肉在清真餐馆菜谱、清真寺系列菜和家常菜中都是必备的。

卤牛肉

卤牛肉在选料上与清炖牛肉有区别。卤牛肉主要选黄牛腱子肉。作料主要是花椒、八角，另加适量酱油、盐。锅中放适量水，将整块肉去浮皮，旺火煮沸，撇去浮沫，再加入盐、酱油、花椒、八角，用小火煮至牛肉烂熟时捞起（不让浮油黏浮在肉上）。晾凉后横切成长条片，盛盘撒上辣椒面和葱末即可。卤牛肉色泽红润，醇香可口。

凉片牛肉

凉片牛肉主料选壮肉和精肉，漂半天左右，去除血液等杂质。入沸水使其紧缩，去掉漂浮的肉沫，再捞出放入加汤的罐中（汤以浸没肉为宜），放入草果、八角、姜块，文火炖熟（中途不添水）。取出滤掉汤，冷却后，先顺丝后改条，再由断面切片。这样加工后，切好的肉片光洁明亮，质感柔和。吃时配以用酱油、辣椒油、芝麻油调对成的蘸汁。

清真凉拌菜的类别很多。如凉拌牛蹄筋、凉拌牛肚等。

凉拌牛蹄筋

● 鸡酥香满庭 ●

　　回族家庭待客，主菜通称"八大碗"，包括牛肉、鸡肉和其他菜。"八大碗"中，鸡酥是必备的主菜。

　　鸡酥在威宁一带最为流行。在家庭待客、清真寺节日聚餐中，鸡酥都是必备的一道菜。

　　鸡酥的主料为鸡肉，辅料为淀粉、鸡蛋、食盐等。

　　炸鸡酥要选上好的新鲜鸡肉，连骨砍成1.5厘米见方的小块备用；将淀粉、鸡蛋、食盐调成浓汁，再倒入鸡块裹匀；锅中加菜油，中火烧至八成热，放入裹好面糊的鸡块，中火炸至金黄，即起锅装盘备用。之后，在锅中放适量开水，加少量食盐，将鸡酥入锅煮透，再加白菜等同煮三四分钟即可食用。鸡酥也可不煮直接食用。

　　同样的制作方法，主料也可选牛肉、羊肉等。因牛羊肉肉质较老，炸时油温略低一点，时间稍炸长一些。以肉香酥、外层金黄香脆为宜。

鸡酥（左下图为加菜和汤的）

● 美味的乡间小吃 ●

　　贵州回族聚居地威宁，回族的小吃很丰富，有荞面汤、豌豆凉粉、荞凉粉、黑苏麻糖心糯米糍粑等，但最出名的还数荞面汤。

　　威宁，多数地区属于高寒地带，主产荞麦，长期以来形成荞粑、荞酥、荞炒面、荞疙瘩汤、荞面汤等多种荞面食品。其中，荞面汤因口感好而广为流传，成为各族民众喜爱的食品。2008 年 4 月，在首届杜鹃花饮食文化节中，荞面汤被评为毕节名小吃。荞面汤有三大特点，一是色泽正，荞面汤的主料荞面微带浅黄色，配料酸菜为黄褐色，牛干巴或炒牛肉丝略呈紫色。二是香味浓，家庭做荞面汤，通常都要备牛肉汤，即使临时没有牛肉汤，也要在汤汁中加一些牛油和少量味精，增添鲜味。三是味道好。经民间长期的探索传承，荞面汤已经形成一套独特的制作方法。荞面汤真可谓"色香味俱佳"。

　　制作荞面汤的主料是细荞面，先用温水将面揉成硬度适中的面团，再分一小块置于手掌中，用两手掌来回搓成米线状（长约 20 厘米，比

威宁荞麦

制作荞面汤

筷子略细），盘成圈摆放在簸箕里备用。手巧的妇女可以同时搓两根，既细又匀，堪称一绝。下锅煮时要掌握好火候，水面要宽，中火慢煮，待完全熟透时起锅，撒上葱、盐，加酱油、油辣椒、肉丝、牛肉汤等，再加少量酸汤、酸菜——热气腾腾馨香四溢的荞面汤便上桌了。

在威宁回族聚居乡，一到赶场天，乡场上有不少回族人家的饮食摊点卖荞面汤。一张桌子，几条凳子，一把遮阳伞，火焰熊熊的煤

酸辣鲜香的荞面汤

炉上大饭锅水汽四溢，一个摊点就开张了。摊主通常是边制作，边煮，一切都是新鲜的，味道自然也很美。此外，乡场上还有酸辣可口的豌豆凉粉或荞凉粉，以及热气腾腾、香气四溢的黑苏麻糖心糯米糍粑……威宁回族小吃，吃了就让你忘不了！

威宁回族小吃味美，关键是材料、制作方法和调料。有位叫蔡荣德的作者，作了一首《威宁荞凉粉》的诗赞扬荞凉粉，其诗言："巧将荞作粉，甜醋佐清香。玉片金丝润，青葱白蒜良。诸君恣月旦，此物耐平章。夏日尤适口，新凉入佛桑。"估计读过诗，你也想品尝一下威宁回族小吃——那就请你整理行装，到"高原明珠"威宁去走一走！

● 干粮变美食 ●

　　回族出远门，在旅途中，要找到清真饭馆才能吃到饭。在贵州乃至南方各省，因回族人口少，有时很难找到一个清真饭馆。为了解决这个问题，回族创造了独特的油面（油茶）这一便于携带和食用的食品。

　　油面的制作，是先将玉米粉炒熟，再加适量牛油、牛油渣同炒，然后起锅，将其倒出放凉，收藏在有盖的器皿中。吃时，取出少量放于锅内，加水和适量盐或糖，煮 1 ~ 2 分钟，待其成糊状即可食用。也可将适量油面放于碗内，然后用开水将其化开调匀即可。同样是这一制作方法，若用糯米粉和牛骨髓油，并配以芝麻、核桃仁细粒等，其味更佳。

　　油面易制作，好贮存，便携带，一般可保存 2 ~ 3 个月，只要不沾水，即使是夏天也不会变质。回族油面也是居家早餐饮食。

油面

　　油面（油茶）是一种广受欢迎的饮品。元代，饮膳太医忽思慧《饮膳正要》对回族油茶介绍道："羊油又作油茶，以油煎滚，用面粉炒黄搅之，佐以椒盐葱桂之类，以凝冷成团。每搞少许，煎汤饮之，冬日最宜，体温而适口。"唐代著名诗人李商隐到河南武陟喝了油茶，即赋诗赞曰："芳香滋补味津津，一瓯冲出安昌春。"清雍正十三年（1735 年），清世宗在河南喝了一次回族牛油茶，赞不绝口："怀庆油茶润如酥，山珍海味难比美。"油茶营养非常丰富，含有蛋白质、维生素、钙、铁等物质，清香可口，有健身补脑、开胃宽肠、延年益寿之功效。

● 早茶三盅 ●

罐罐茶在威宁回族中久负盛名，它有一种考究的煎茶方法，堪称回族茶道。

熬制罐罐茶有一套很讲究的程序。

熬制罐罐茶的器具是一个高约 9 厘米、下小上大，口之一侧有嘴，腹大并有提耳的土陶小罐（喝茶也是用陶质小茶盅）。土陶罐煮茶，不走茶味，能够更多地保持茶叶的色香。将陶罐里外清洗干净，置于柴火或煤火上烧烫，随即加入一小把茶叶，继续放在火上烤，边烤边抖动茶罐（称"炕茶"），不时地将茶罐抬起，用鼻子闻一闻，鉴定茶香的程度，以便选择加水的时机。"炕茶"是罐罐茶的功夫所在，火候不到，茶的香味不足；焙得过头，茶又会焦煳。一切全凭经验。"炕茶"时抖动茶罐的姿势、抖动的频率，堪称一种技艺。初学者，要么将茶抖出罐外，要么因翻动不匀，致使一些茶叶烤煳……小时候看长辈们喝罐罐茶，在煎茶前，谁来掌管茶罐，大家总要谦让一番。现在想起来，煎茶的确是对其茶艺的考验。只要有长辈在场，年轻人通常都不敢担当。

待茶叶焙至炒香后，加入少量开水，只见"嗤"一声响后，茶罐中就会冲出一些泡沫。将泡沫吹去，继续向茶罐中加开水，罐口茶水会向外冒，此时抬起茶罐，将茶水倒在茶盅里，之后，再将茶盅里的茶水倒入茶罐里。如此反复几次，让罐中茶水降温，待到茶水不漫出，便放在火上煮沸（俗称"煨茶"），使茶充分煎熬，其状似"腾波鼓浪"。茶煨好

威宁秀水回族罐罐茶表演

喝罐罐茶的习俗

喝罐罐茶的习俗至迟在唐代就已存在。唐代诗人对此多有描写。如白居易《即事》云："室香罗药气，笼暖焙茶烟。"贾岛《过雍秀才居》："就凉安坐石，煮茗汲邻泉。"皮日休《茶中杂咏·煮茶》云："香泉一合乳，煎煮连珠沸。"时至今日，在云南、贵州、四川、陕西、宁夏、青海、甘肃的回族、汉族、彝族、土家族、藏族等民族中都有。但一般都是先加水，后放茶。而云贵等地的回族罐罐茶，则是先烤茶罐，接着放茶、"焙茶"，待茶香四溢，加水煎煮，其味更香。

后分倒入茶盅里，每盅量为半杯左右，茶罐中要留下一些。如是几个人在一起，要先敬长者。接着再往茶罐中加水，再熬再倒。一罐茶一般熬 6 ~ 8 次，边熬、边品、边交谈。喝得不过瘾，还可再来一罐。熬茶、品茶、交谈，营造了温馨氛围；熊熊的炉火，扑鼻的茶香，让人享受到一种闲适。

喝罐罐茶给家庭带来的是温馨——寒冷的冬季，一家人围坐于火塘边，火塘上架一把茶壶，火边黑陶茶罐里浓浓的茶香弥漫，家人互敬互让，其乐融融。

喝罐罐茶增进朋友友谊——有朋自远方来，敬上一盅罐罐茶，一边品茶，一边叙旧，再就着甜甜的糯米粑或苦而回甜的苦荞粑，既表达了主人诚挚的美意，又增进了感情的交流。

品尝罐罐茶

　　喝罐罐茶获得的是精神——俗话说："早茶三盅，一天的威风。"在农村，回民下地前要喝一罐早茶，茶助人力，让人精神抖擞地开始一天的劳作；收工回家，喝一道晚茶，借茶力可消解浑身疲乏。

　　喝罐罐茶喝出的是健康——冬春守着火炉能够驱寒御冷，夏秋苦涩的茶水能够降温提神。

　　"提精神、助消化、祛病患、保健康"被公认是喝罐罐茶的四大好处。香茗洗却胸中的尘垢，荡涤心中的忧烦。正如白居易《何处堪避暑》言："游罢睡一觉，觉来茶一瓯"，"从心到百骸，无一不自由"，"虽被世间笑，终无身外忧"。明人罗廪《茶解》里的一段文字将熬茶喝茶的艺术写得极为精准，其文曰："山堂夜坐，手烹香茗，至水火相战，俨听松涛，倾泻入瓯，云光缥缈，一段幽趣，故难与俗人言！"

罐罐茶表演

千年 QIANNIAN
XIXIANGYAN 习相沿

● 《古兰经》和《圣训》 ●

　　《古兰经》又译《古尔阿尼》《可兰经》《古兰真经》《宝命真经》，是伊斯兰教的根本经典，是伊斯兰教信仰和教义的最高准则，是伊斯兰教教法的渊源和立法的首要依据，是穆斯林社会生活、宗教生活和道德行为的准绳。《古兰经》是阿拉伯韵文体，辞章华丽，节奏和谐，其独特的咏诵方式，旋律优美，悦耳动听。因此，这部经典又是一部文学巨著和历史文献，在伊斯兰文化史上占有极为重要的地位。德国著名诗人、剧作家、思想家歌德评价说："《古兰经》是百读不厌的，每读一次，起初总觉得它更新鲜了，不久它就引人入胜，使人惊心动魄，终于使人肃然起敬。……这部经典，将永远具有一种最伟大的势力。"

　　《古兰经》确立了伊斯兰教的

基本教义和制度，同时也反映了穆罕默德时代阿拉伯半岛的社会现实及伊斯兰教创立的历程。

《古兰经》的产生和伊斯兰教的创立，使阿拉伯半岛迅速统一于伊斯兰教旗帜下。其后，伊斯兰教作为一种宗教信仰、意识形态和一种文化体系传入世界各地，与不同国家和地区的传统文化相互影响和融合，对当地信仰伊斯兰教各民族的社会政治、经济、文化及伦理道德、风俗习惯产生不同程度的影响，使伊斯兰教成为世界性宗教。据统计，全世界穆斯林已超过 13 亿，约占世界总人口的 1/5。在亚洲和非洲有 30 多个国家将伊斯兰教定为国教。目前全世界已有波斯文、乌尔都文、孟加拉文、英文、法文、德文、俄文、汉文等 70 多种文字的《古兰经》译本。伊斯兰文化以其丰硕成果而被列为世界上从古延续至今的五种文化体系之一，在世界文化史上占有重要的地位。

《圣训》是穆罕默德一生中有关宗教、经训和实践教理的重要言行，经辑录定本的圣训集被视为仅次于《古兰经》的基本经典，是伊斯兰教教义和创制教法的重要源泉和依据之一。"由于圣训内容涉及政治、经济、军事、外交、法律、文化和日常生活的许多方面，又成为伊斯兰文化思想的重要渊源。"

《圣训》最初由穆罕默德的弟子

《古兰经》的来历和主要内容

《古兰经》是伊斯兰教创传人穆罕默德在 23 年传教过程中陆续宣布的安拉"启示"的汇集。据载，610 年莱麦丹月（伊斯兰教历 9 月），安拉在"盖德尔"的吉祥夜晚，命令天使吉卜利勒向穆罕默德开始启降《古兰经》文，632 年穆罕默德逝世，"启示"终止。起初，这些经文由穆罕默德的弟子们零散地记载于兽皮、骨片、椰枣叶肋及石板上，并加以背诵熟记。穆罕默德去世后，汇集经文作为一项紧迫任务提上议事日程，经艾布·伯克尔和奥斯曼等人的努力，完成《古兰经》的搜索整理、订正、编纂，流传至今。

《古兰经》的主要内容为：①信仰的纲领。主要是阐述伊斯兰教的"六项信条"，即：信安拉、信天使、信经典、信先知、信后世、信前定，尤其强调信安拉这一核心。②与不信者、"伪先知"、多神教徒、犹太教徒和基督教徒进行论辩的记述。③宗教功修和社会义务。④伦理道德规范。⑤教法律例。⑥传说故事。

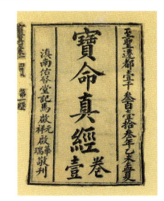

《古兰经》（威宁存 1895 年刻本）

《古兰经》长卷（208 米）

《圣训》的来源

　　《圣训》的来源有三个方面，一是"言语的圣训"，为穆罕默德对《古兰经》经文含义、寓意的阐述和解释；二是"行为圣训"，为穆罕默德举行某项宗教功课和从事某项社会活动的行为侧记；三是"默认圣训"，为穆罕默德以同弟子对话或问答形式发表的有关教义、教法的训诫和道德教诲，以及他同意或默许的弟子言谈、举止、行为。因此，《圣训》是穆罕默德创立、传播伊斯兰教业绩的体现和记载。《圣训》的内容和论述的问题极其广泛，包括：对《古兰经》某些经文的阐述和补充；对伊斯兰教教义、教法和礼仪的阐述；对社会政治、经济、军事、外交及法律、文化教育等重大问题的主张；穆罕默德品德、情操、传教活动和家庭生活实录；关于穆斯林道德规范及学习、求知的论述。

和亲属心记口传，穆罕默德鼓励穆斯林遵行，但为了突出《古兰经》的神圣地位和避免混淆，又曾禁止记录，因此《圣训》基本上是靠心记口授传播。穆罕默德去世后，随着伊斯兰教的发展和广泛传播，一些新出现的社会问题和事件在《古兰经》中无具体律例可循；同时由于政治斗争、学派争论及外来思想文化渗透等原因，一些人为了自身利益而假造圣训，有个叫阿布杜·克林的竟伪造了4000段"圣训"。因此必须搜集辑录圣训。从7世纪20年代开始到10世纪初，这项艰巨浩大的工程才基本完成，有多种圣训集和成文的圣训法典成书。伊斯兰教各主要派别均有本派公认的圣训集标准本，其中逊尼派为布哈里、穆斯林、艾布·达伍德、提尔米基、奈萨仪和伊本·马哲6人分别辑录的圣训集，通称"六大圣训集"；什叶派为库莱尼、伊本·巴布韦·库米、艾布·贾法尔·图西3人分别辑录的4部圣训集，又称"四圣书"或"四大圣训经"。在辑录和研究圣训的过程，圣训学得以建立和完善。

手抄本《古兰经》（藏于贞丰清真寺）

《圣训珠玑》（左为中文译本）

● 回族人念得最多的两段话 ●

在贵州有这样一种误传，说其他民族人士要入伊斯兰教，要先用石灰或柴灰水洗肠子等。我们且不说喝石灰水可能致人死亡，就从信仰讲，诚信与否，并非"洗"能解决的。其实，无论回族人自身，还是非穆斯林归信伊斯兰教，首先要学会念"清真言"。非穆斯林念诵"清真言"是借此当众表明归信伊斯兰教，并认真去做。因此，入教"喝石灰水洗肠"纯属谬说。

"清真言"为阿拉伯语"凯利迈·泰伊拜"的意译，即"美丽的语言"。其音译为："俩一量海，印兰拉乎，穆罕默德，莱苏纶拉西。"意即："万物非主，唯有真主，穆

六大信仰　五项功课

六大信仰为伊斯兰教六条基本信仰纲领的总称，简称"六信"。伊斯兰教的教义由基本信仰、宗教义务和善行三部分组成，承认和虔信基本信条，身体力行宗教功课与止恶扬善合为一体，就构成伊斯兰教的基本教理。基本信仰即"六大信仰"（也称"六大信条"），内容为信安拉、信天使、信经典、信先知、信后世、信前定。

五项功课简称"五功"，亦称"五桩天命"、"五常"等。"功"为阿拉伯文意译，原意为"基础"、"柱石"，是伊斯兰教念功、礼功、斋功、课功、朝功五项基本功修的总称（简称"念、礼、斋、课、朝"）。

伊斯兰教认为，五功为穆斯林必须履行的神圣义务和功修制度，是实践基本信仰的基石，对于体现信仰、坚定信仰有重要意义，认真履行五功，不仅是穆斯林虔信和敬畏安拉的表现，更重要的是能巩固"认主独一"的根本信仰。

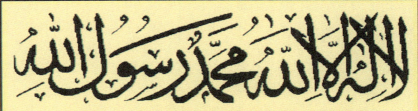

万物非主唯有真主穆罕默德是真主的使者

阿拉伯文书法（内容为"清真言"）

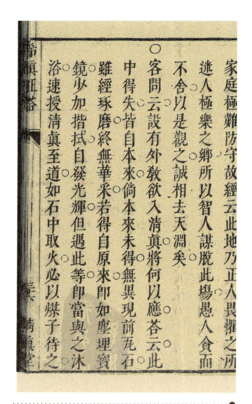

王岱舆《希真正答》论述"入教"

罕默德，主的使者。"另一重要颂词是"作证词"（中国穆斯林又称"证言"），其内容的中文含义为："我证'万物非主，唯有真主'；我证'穆罕默德是主的使者'。"这是伊斯兰教"五项功课"之一的"念功"中最基本的内容。

念功为阿拉伯文意译，原意为"作证"。伊斯兰教教法规定，"念"为五功之首。所谓"念"就是用阿拉伯语诵读"清真言"和"作证词"，以及一切有关伊斯兰教基本信仰方面的赞词。"念功"中最基本的、最尊贵的为"清真言"（中国穆斯林称"谛林言"），"清真言"是伊斯兰教全部信仰的核心和基础，是穆斯林一生中念得最多、听得最多的赞词。

"念"的内容除"清真言"、"作证词"外，还有许多。伊斯兰教认为，凡是真主和穆罕默德所称赞的所有经典和一切美好的赞词，都必须牢记心中，经常赞念。这样才能净化心灵，坚定信仰。信仰包括内心诚信、口舌招认、身体力行三大要素，念功是最重要的体现形式。念诵"清真言"表白和坚定自己的信仰，是做穆斯林的基本要求。伊斯兰教同时认为，归信伊斯兰教者，只要当众念诵"清真言"和"作证词"，即被视作穆斯林。

明末清初著名伊斯兰教学者王岱舆说："五常之首曰念。其念有二：曰'意念'、曰'赞念'。意念者，念念不忘于真主。忘者，乃丧心也；念者，乃仁心也。""赞念者，乃感赞真主之洪恩，而兼之于至圣……"通过念诵词，"遵真主之明命，守至圣之真传。内明心性，而道契真一；外修身政，而礼分主仆。"清代著名伊斯兰教学者刘智指出，凡是赞念者，应当懂得十项规制：（1）诵辞。即念诵"清真言"与"作证词"。（2）知义。即知道所诵辞的意义。（3）信斯理。即诚信其中的道理。（4）恒斯道。时时刻刻遵守其中的道理。（5）问不讳答。即有人向自己询问，要直言回答。（6）求不缓授。即有人向自己求教，应立即为其讲解。（7）明夫主有之理。即确信安拉之实有。（8）主一之证。即明

王岱舆的著作

晓真主独一无偶、创造万物的证据。（9）唯主无比之据。即真主不能与他物匹配，至大、至尊、至高、至能。（10）知夫穆罕默德之为圣之至。即信先知穆罕默德是安拉选派的最后一位使者，即"封印先知"。此十项准则相互联系，构成"念功"的统一整体，故谓："不诵辞，无以证；不知义，无以明。无证、无明，则念无基。不信，则无实；不恒，则无成。无实、无成，则念无功。"

刘智著的《天方性理》

● 五时面主正教门 ●

回族有句谚语叫做："自古清真行大道，五时面主正教门。""五时面主正教门"说的是回族穆斯林每天要礼5次拜，称为"拜功"。

拜功，要求在特定时间、按特定程序、依特定仪式，面向沙特阿拉伯麦加城内"克尔白"（天房），完成诵经、祈祷、跪拜等内容。阿拉伯语称"索拉特"，意为"祈祷""祝福""赞颂"等；波斯语称"乃玛孜"。伊斯兰教教法规定，凡智力健全，身体健康，已成年的穆斯林，必须履行拜功。礼拜按性质分为"主命拜""圣行拜""当然拜""副功拜"4种。"主命拜"又称"天命拜"，为安拉定制穆斯林必须完成的礼拜，包括每日的五时拜，星期五的主麻聚礼，以及会礼、殡礼等。"圣行拜"是穆罕默德于主命拜前后常做的礼拜，其中每日固定不辍者，定为"圣行拜"随主命拜一起进行。"当然拜"，又称"义务拜"，是根据经训精神应该完成的礼拜，其性质仅次于主命拜。"副功拜"指穆斯林因信仰虔诚或其他特殊情况而自愿举行的礼拜。

礼拜是伊斯兰教功课的主要部分，在"五功"中占有重要地位。《古兰经》说："你当谨守拜功，拜功确能防止丑事和罪恶"，并将礼拜与坚忍相提并论，"信道的人们啊！你们当借坚忍和拜功，而求佑助。"中国伊斯兰教学者十分强调礼拜的重要性。王岱舆说："拜之礼亦有二：曰礼之理也；礼之形也。所谓礼之理者，乃心持敬畏，如见真主也；

威宁城关清真寺开斋节会礼

旅途中礼拜（威宁）

所谓礼之形者，立躬跪叩，端庄敬慎也。故无心之拜，不得为礼。"刘智说："圣人曰：'礼拜，乃涤罪之泉，行教之柱，近主之阶也。'""礼拜，则尘情尽却，生人之本性见矣。本性见而天运不息之机与一切幽明兼备之理，莫不于拜、跪、起、止间见之矣。礼拜，则物我皆忘，身心之私妄泯矣。私妄泯，而忠孝廉节之事，与一切尽己尽物之功，莫不于恭敬对越时尽之矣。"

据传，穆罕默德以前的先知礼拜并无定数，多至一昼夜50次天命拜。伊斯兰教初期，也并无固定的礼拜制度，只要求人们早晚赞颂安拉。穆罕默德在麦加传教初期，礼拜亦无定制。621年穆罕默德"升霄"时，安拉亦命他晓谕穆斯林日礼50次拜，经穆圣再三恳求，安拉体念穆斯林力难胜任，方减免定制，改为日礼5次天命拜。从此正式规定了礼拜制度。最初，穆斯林礼拜曾一度朝向耶路撒冷的圣殿。624年才把朝向改为麦加的克尔白。从那时起，世界各地穆斯林礼拜时都面向克尔白。中国位于麦加的东方，故回族穆斯林均面西礼拜。

礼拜的类别及其内容

礼拜按类别分为：五时拜、聚礼、会礼、殡礼、副功拜。

五时拜又称五番拜，即每日拂晓至日出前举行的"晨礼"，正午刚过至日偏西之间举行的"晌礼"，日偏西至日落前举行的"晡礼"，日落至天黑间举行的"昏礼"，天黑至次日破晓前举行的"宵礼"。聚礼，为星期五午后在清真寺举行的集体礼拜，又称"主麻拜"或"礼主麻"（阿拉伯语称星期五为"主麻"）。会礼，为每年开斋节、古尔邦节两大节日举行的集体礼拜，时间为日出之后至正午之前。一般在大清真寺举行，亦可露天举行，仪式最为隆重。古尔邦节（宰牲节）会礼后，有条件的穆斯林要宰牲。殡礼，又称"者那则"，为代亡故者向真主祈祷的集体礼拜。穆斯林皆有为亡者举行殡礼的义务。副功拜，是穆斯林在完成规定礼拜的前提下，为感激安拉、忏悔过失、表述心愿等，自愿礼拜的（一般为单独进行）。

● 封斋，心灵和身体的历练 ●

斋戒的三种形式

斋戒分为三种，即"主命斋"、"圣行斋"、"副功斋"。"主命斋"，亦称天命斋，即莱麦丹月斋。"圣行斋"，是根据穆罕默德言行而提倡的斋戒，按伊斯兰教历顺序排列有：阿舒拉日（1月10日）、升霄日（7月17日）、白拉特日（8月15日）、开斋节后（10月上旬内6天）和古尔邦节前（12月上旬）的斋戒，以及每星期一、星期四的斋戒等。"圣行斋"为嘉许行为，不履行无罪。"副功斋"，为穆斯林出自虔诚、许愿而履行的斋戒。日期可自选，但严禁在开斋节和古尔邦节及其后3天（为向真主感恩和欢乐的日子）封斋和封长年斋，星期五（主麻日）、星期六（犹太教礼拜日）和星期日（基督教礼拜日）封斋要受到谴责。

一到斋月，回族聚居区的清真寺就成了穆斯林关注的中心。黎明前，吃过封斋饭的本坊高目（清真寺辖区的穆斯林），在邦克（唤拜）声中，聚集到清真寺内礼邦达（晨礼）；太阳落山时又要到清真寺礼沙母（昏礼），之后集体在清真寺吃开斋饭，并集体礼拜。这个月，清真寺总是灯火辉煌，穆斯林络绎不绝，热闹非凡。

封斋是伊斯兰教的五功之一。封斋，阿拉伯语称为"索姆"，波斯语称为"肉孜"。中国穆斯林多称"封斋"、"把斋"。斋戒作为伊斯兰教信仰者必做的功课之一，是伊斯兰教一项独具的制度。伊斯兰教教法规定：穆斯林达到一定年龄（男11岁、女9岁），

斋月的第27个夜晚为"盖德尔夜"，穆斯林聚集到清真寺庆贺

威宁彝族回族苗族自治县秀水乡穆斯林欢庆开斋节

在莱麦丹月（希吉来历第9月）中必须封斋，即每日黎明前至日落时，禁止饮食、吸烟、滴剂，戒房事或任何嬉狎非礼行为，还禁止放血、拔罐或输液。同时要保持身心洁净，诚心立意，戒除一切邪念，静思默语，省躬涤过。相传，伊斯兰教先知穆罕默德规定斋月，主要是为了让人们体验生活中的疾苦，培养人们面对困难时坚毅的耐力。对于穆斯林来说，一个月斋戒的艰苦磨炼可以培养人们的责任感和坚忍不拔的精神，培养诚实的品质。

斋戒可以引导人们理解人生，培养人类的良知。丰衣足食的人通过斋戒感受饥寒交迫者的处境，从而使得他们懂得怜贫、恤贫、济贫。斋戒可以培养人们吃苦耐劳的精神。养尊处优的人如果骤然碰到一种艰苦环境就会难以忍受，而斋戒使他们经历艰苦的磨炼，会增强面对困难的斗志。还有人认为，斋戒对

伊斯兰教天课制度

伊斯兰教规定每个身心健康的穆斯林拥有的财产超过一定数额，就必须按比例交纳天课。其中，金、银、首饰类，为2.5%，农副产品按分类纳5%和10%，矿产品为20%，骆驼、牛、羊等各有具体规定。征收天课可以限制富有者聚敛财富，可以取富济贫，协调贫富关系，倡导人类互助，同时告诫穆斯林切勿重私欲、图享受，动摇根本信仰。

人的身体大有裨益,可以预防和治疗胃下垂、慢性胃炎、溃疡病、结肠炎、糖尿病、高血压、动脉硬化、心脑血管病、肥胖症、积食、消化不良等多种疾病。

伊斯兰教认为,斋戒的意义就在于制欲检行,磨炼意志,修身冶性,向安拉表示忏悔和赎罪,提高宗教道德素养。因此,近现代伊斯兰教学者认为,斋戒除禁食、饮、房事及举止谨慎、言行文明外,更重要的是要禁绝胡思乱想,怨愤嫉妒;修身养性,净化心灵。穆罕默德也曾说过:"斋戒是一面盾牌。封斋者既不能说脏话,也不能干蠢事。""捏造并实行谣言的人,虽戒绝了饮食,在安拉方面,也是不足为凭的。"

威宁彝族回族苗族自治县黑石头镇穆斯林欢庆开斋节

● 朝觐——飞向天房 ●

　　朝觐是伊斯兰教五项基本功课之一，为阿拉伯语"罕吉"的意译。旧译"朝功"。中国穆斯林称"朝天房""朝克尔白"。完成朝觐功课者称"哈吉"。朝觐地是沙特阿拉伯麦加克尔白（天房）。

吉达机场客运大楼

　　朝觐为"天命"功课，是每一个具备条件的穆斯林所应履行的宗教义务。《古兰经》云："凡能旅行到天房的，人人都有为真主而朝觐天房的义务。"伊斯兰教教法规定，凡具备以下条件的穆斯林，毕生应朝觐克尔白一次：（1）身体健康，理智健全。（2）旅途安全有保障。（3）有往返旅费，并能安置好家属的生活。妇女朝觐除具备以上条件以外，还须由丈夫或其

麦加

伊斯兰教朝觐

伊斯兰教教法规定:凡身体健康,理智健全的成年人,有往返旅费,旅途安全有保障,一生应朝觐克尔白一次。完成朝觐功课的穆斯林被尊称为"哈吉"。

朝觐活动有一整套礼仪程序:①朝觐者进入"戒关"前即"举意",沐浴,换戒衣,面向天房礼两拜,标志朝觐开始。②到麦加后,巡礼天房,环绕天房7圈。随后到"易卜拉欣立足处"礼两拜,再至"渗渗泉"饮水。③到天房东面萨法和麦尔卧两小山之间往返奔走7次。④伊斯兰教历12月8日,朝觐者由麦加到东郊米那山谷做晌礼、晡礼、昏礼、宵礼并宿夜。⑤12月9日晨由米那山谷前往阿拉法特山,正午要举行隆重的礼拜仪式。日落后,返回穆兹代里法山露宿,拣数十颗小石子。⑥12月10日在米那山谷向3棵象征易卜劣厮(魔鬼)的石柱投掷石子。⑦12月10日为宰牲日,朝觐者应一人宰一只羊或7人合宰一头牛(一头骆驼)。⑧在宰牲日射石之后,朝觐者即可剃头或剪发、剪指甲和修胡须以示开戒。⑨在宰牲日,朝觐者再次到天房绕行7圈,并在萨法和麦尔卧两山间奔走7次。此为朝觐的主要仪式,称"辞朝"。

他至亲陪同。

目前,全世界穆斯林约15亿,希望朝觐的人很多,但受各种条件限制,每年朝觐的穆斯林不到穆斯林总人口2‰,也就是说绝大多数穆斯林终其一生也不可能有朝觐机会。可见能成为一名朝觐者,是十分荣幸的。

中国穆斯林赴沙特阿拉伯麦加朝觐的路线,历史上有陆路、海路。陆路,基本上是沿古代丝绸之路行走,进入巴基斯坦后,由卡拉奇港乘船赴麦加。在西部丝绸之路受阻时,亦有选择由昆明出发,陆行至缅甸仰光,再航海西行,最后抵沙特阿拉伯吉达港登陆。海路,由东南沿海港埠出发,经香港、新加坡、

麦加大清真寺夜景

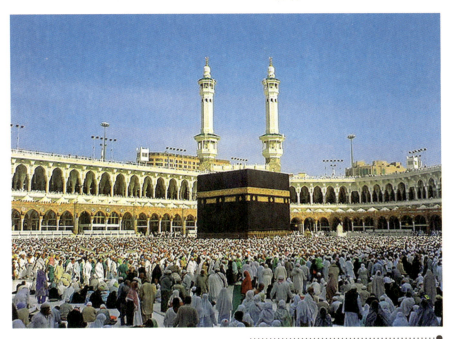

沙特阿拉伯麦加圣寺（禁寺）

槟榔屿、科伦坡、亚丁，到吉达。到了当代，朝觐者首选空路。20 世纪 80 年代以来中国的朝觐者，大都采用这种迅捷安全的交通工具。主要航线是从北京（或乌鲁木齐）出发，直飞吉达（近年来为了方便朝觐者，改飞麦地那）。随着国内朝觐人数的增加，又陆续开通了银川、兰州、昆明直达沙特阿拉伯麦地那的朝觐航线。

麦加，是朝觐期间的主要活动地。

举世闻名的麦加城，位于吉达以西 70 公里，城市建于一狭长山谷内，最宽处 700 米，最窄处不足百米。数千年前，此处尚为不毛之地。后来，伊斯玛仪随母亲由埃及流落到麦加，发现神奇的渗渗泉后，才开始有人居住。接着易卜拉欣圣人奉命在麦加修建伊斯兰教朝拜中心天房——克尔白，此地遂盛名远扬，逐渐发展为一座城市。这已经是 4000 年前的事了。

今天的麦加城，随着经济的发展，已成为现代化的城市，公路网四通八达。环山一带开凿了许多隧道，均为双向，有的还另凿人行隧道，将山里山外连为一体，拓展了城市的范围和活动的空间。

禁寺（麦加大清真寺）位于麦加城正中。巍峨壮观，富丽典雅。禁寺是围绕天房的环形建筑（正门方向略向前延伸），寺高三层，正门之上及四角有 7 座高达 92 米的白色宣礼塔，2013 年扩建后又增加 4 座。寺的四周共有 64 道拱形大门，95 个出入口使禁寺四通八达。围绕禁寺走一圈，大约用一个小时。寺内可容纳 60 万人做礼拜，就建筑空间而言，为世界之最，加之设计之巧，工艺之精，装饰之丽，堪称建筑艺术史上的杰作。礼拜时人多，大多数哈吉都在禁寺外围，以及由禁寺向外延伸的各条道路上礼拜。数百万人的礼拜，无需谁组织，整齐划一，并然有序。克尔白（天房）在禁寺寺内的广场正中。

克尔白南北长 12 米，东西宽 10 米，高 15 米，为石结构平顶建筑。在墙基一角离地 1.5 米处，有一块嵌入墙中的黑里透红的陨石，露出部分的外沿镶有银框。亲吻、抚摸黑石是圣行，遵循圣行为当然。

从黑石到克尔白门的这一部分叫做穆里台则木，穆圣曾在这里做过祈求。因此，人们认为这是一个赐福之地，在这儿做的祈求是易于承领的。

在克尔白的东北面有一道独特的金质大门，这就是克尔白之门。

克尔白

门高 3 米，宽 2 米，离地 2 米，为对开两扇门，共使用纯金 286 公斤。外门与门框上饰以图案，并刻有《古兰经》经文，全系精工铸造。金门上有两个桃形金门环，其下两个门鼻，金锁杆穿过其中。

克尔白大门

克尔白内部是空的。进出克尔白大门配有专用舷梯。克尔白内有三根沉香木柱支撑着屋顶，顶上有很多有规则的方格，用阿拉伯文书写着"清真言"和历次修建的记录。四面墙壁用青绿色大理石贴面，地面则铺满白色大理石。一盏水晶吊灯把天房照得通明，几案上香炉内薰香袅袅。

克尔白每年有两次隆重的清洗礼仪—— 一次是在斋月来临之前，另一次是在朝觐期间大朝开始前。这时沙特国王亲临参加，并邀请前来朝觐的各国达官显贵及朝觐团团长参与盛典。每次清洗前，由沙特国王率领全体参加劳动的达官贵人进入禁寺大院，先在克尔白房外举行绕行礼、抚吻黑石、礼拜两番。清洗克尔白内部时，用纯净的渗渗泉水，参入玫瑰花露和其他几种传统香液，用白布擦洗内壁。洗毕，焚香，祈祷，全体退出，关闭大门。克尔白内部非常干净。进去擦过墙壁后，大家都赶忙礼拜。世界任何地方的穆斯林礼拜必须朝向克尔白。而在克尔白内礼拜，则朝向东南西北任何一个方向都是可以的。

克尔白内景

克尔白外罩着价值不菲的黑丝绸帷幔。帷幔在每年大朝前更换。换下的帷幔要裁成小块分赠给朝觐者的代表，因

米那山谷哈吉营地

数量有限，谁能获得一块，都会被人们视为珍贵的吉祥之物。

克尔白的南侧，是一条纵贯禁寺东西的长廊，它连着相距 450 米的萨法山和卧尔麦山，两山除山头还保留着一些凹凸不平的石头以显示山的原貌外，往返的两条 10 米宽的道路，均铺着平整的大理石，并留有手推车专用通道，使那些没有能力环游和奔走的残疾人朝觐者，可以坐上轮椅，由专人推着完成功课。

伊斯兰教历 12 月 8 日那天，所有朝觐者由麦加到东郊 6.5 公里的米那山谷做晌礼、晡礼、昏礼、宵礼并宿夜。数百万朝觐者组成的巨大的车流、人流同时涌向一地，那是一座漂移的规模宏大的"城市"。原本空荡荡的米那山谷，满山遍野皆是成排的白色防火帐篷，朝觐者、各类服务设施及人员、负责安全与警卫的军队和警察、川流不息的各类车辆、熙熙攘攘的人群，许多汽车车厢内坐满了人，顶上也坐着人（车顶加有护栏，当地允许车顶坐人，价格便宜一半）。那宏大的场面，任何笔墨的描述，都显得苍白无力。

2010 年 11 月 13 日，沙特麦加 18.25 公里专用轻轨铁路开通，大大缓解了每年数百万穆斯林朝觐期间的交通压力。麦加轻轨途经米纳、穆兹代里法和阿拉法特 3 个主要朝觐地区，共设 9 座车站。设计运能为单向每小时 72 000 人。

伊斯兰教历 12 月 9 日晨，由米那山谷前往阿拉法特山（离麦加 25

公里），正午要举行隆重的礼拜仪式，一位伊玛目要仿效当年穆罕默德的做法，站在一块巨石上宣讲教义，此即阿拉法特庆祝大典。日落后，返回离麦加12公里的穆兹代里法山露宿，每人要拣49粒小石子，用于次日的"驱魔打鬼"。12月10日，全体朝觐者涌向米那山谷，向3根象征易卜劣斯（魔鬼）的石柱投射石子。同时，每一人要宰一只羊（现在改为交一只羊的钱，由沙特的专门机构统一进行宰羊，羊肉经冷冻后，运往非洲等地，施散给穷人）。在宰牲日射石之后，朝觐者即可剃头或剪发、剪指甲和修胡须，以示开戒。

麦加朝觐专用轻轨

　　麦加朝觐活动完成后，朝觐者前往另一圣城——麦地那，晋谒穆罕默德圣陵。

　　麦地那是穆罕默德将伊斯兰教推向胜利的战略要地，伊斯兰教历史上许多重要纪念地如圣寺、古巴清真寺、双向

麦地那清真寺

清真寺、巴奇陵园、伍侯德古战场等，都在该城及近郊。因此，每年都有数百万穆斯林来此瞻仰和探访。

圣寺建于伊斯兰教初创时期，距今已有1400多年历史。经多次重建、扩建，到今天已成为一座高大雄伟、金碧辉煌，能容纳25万人礼拜的大寺。

圣寺的地面、墙壁及立柱均以大理石装饰，华丽异常。穆罕默德及其第一、第二位继承人艾卜·伯克尔和欧麦尔的陵寝在寺内左后侧，其上方屋顶有一巨大的绿色圆顶。寺之南，有一座占地很大的陵园，即著名的白格尔先烈坟园。圣妻阿依莎和圣女法蒂玛，以及著名的圣门弟子、四大哈里发之一的奥斯曼墓均在此。同麦加、麦地那一带所有陵园一样，每座陵墓均为高二三十厘米的土堆，既无墓碑，也无任何说明，仅有一块做标记的小石块。功勋卓著的国王、赫赫有名的战将，与普通士兵、百姓间，找不出一丁点差别……

离麦地那7公里的伍侯德山，是伍侯德古战场。伊斯兰教历3年（公元634年），著名的伍侯德战役在这里打响。当时只有100副甲胄700人的穆斯林军队，要迎击3000多名来犯者。为了以少胜多，穆罕默德在一个通道里布置了50名弓箭手，命令他们在任何情况下都不能离开阵地。战斗开始后，敌军被击溃，四下逃散，弓箭手们急于参战，从埋伏处冲出去追击敌人。敌军瞅着这个空当，从背面组织进攻，结果穆斯林军队遭受严重损失。统率穆罕默德在战斗中负伤，还掉了几颗牙齿；他的70名将士，包括其叔叔哈穆则，壮烈牺牲……

伍侯德战役遗址

● "接都阿"、"戴都阿"和"吃都阿" ●

"都阿"为阿拉伯语音译，又译"都哇""都瓦""杜阿义"，意为"祈求""祈祷"。都阿是穆斯林近主、用心灵与主沟通的方式，包括向主求福、请求宽恕等。当礼拜或诵经完毕，领拜者或诵经者双手展开，手心向上，默念祈求真主赐福的祷词，谓之"做都阿"；在场的穆斯林做同样手势，并不断地轻念"阿敏"（意为愿主准我所求），谓之"接都阿"。最后，

都阿牌

众人随领做者一起，双掌自上向下抹脸，口诵赞主词，礼即成；也可独自做。

此外，一些回族穆斯林还有"吃都阿"和"戴（挂）都阿"等习俗。

"吃都阿"常见的四种形式：一是请阿訇面向食糖念经文，并不断向其吹气，然后带回由病人吃下，叫"吹都阿"；二是以朱砂或墨汁将经文写在碗里带回以水冲服，叫"写都阿"；三是把经文写在纸上，带回火化后冲服或贴在墙上用以避邪；四是在开斋节、古尔邦节和圣纪三大节日或盖德尔之夜，尤其在"双尔德日"（即逢三大节日之一又适逢主麻日），将红糖、小米或茶叶之类用纸包好，请阿訇念诵祈求真主赐予产妇及将要出生的婴儿平安的祷词，然后向此包吹三口气，俟产后服用，谓之"催生都阿"。经文大都以《古兰经》第 113 章及

114 章等经文为主。

都阿牌

"戴（挂）都阿"是请阿訇将《古兰经》中的经文，写在洁净的白布或纸上，包以布料，缝成三角形小袋，固定在佩戴者的内衣里，谓之"戴都阿"，具有避邪魔、求吉祥之意。主要是小孩尤其是独生子佩戴。随着回族穆斯林有车人家的增多，又出现了"都阿牌"，即将祈求平安的祷词，写在金属牌上，挂于车内，含有驱逐邪祟，保护行车安全之意。

"做都阿"作为一种伊斯兰教习俗和文化，也在随着社会变迁而变化。譬如，原先回民家庭没有车，也就没有挂"都阿牌"这一做法。现在不少回族购了车，可能是因为看到别的民族在车中挂"出入平安"之类的牌子，于是便产生了悬挂"都阿牌"的做法。

贵阳清真寺

● 欢快的婚礼 ●

回族婚礼一般在晚饭后举行。参加婚礼的除双方亲友外，当地的其他回族均可参加。地点在男方家正厅内，请本寺坊阿訇主持，称为念"尼卡哈"（"尼卡哈"为阿拉伯语音译，意为"结合"、"婚姻"）。堂屋的正中摆放一张方桌，桌上放一盘或两盘"喜果"（"喜果"为核桃、花生、红枣、桂圆、糖果等）。阿訇居中而坐，左右分坐双方父母及证婚人，新郎、新娘正对阿訇站立。

首先，主持婚礼的阿訇先问新郎、新娘的经名，让两位新人念"清真言"和"作证词"，以表明自己的信仰和穆斯林的身份。在验明结婚证以后，由年长的阿訇执笔写依扎布（婚书），内容包括两位新人、双方家长（监护人）、证婚人的经名以及聘仪的数量。

随后，由阿訇宣读阿拉伯语的"证婚词"（或用汉语作证婚的训诫）：

以真主的言语求福，以真主的尊名求吉。

奉普慈特慈的真主尊名：

婚姻是至高真主的命令，如真主所云："你们中未婚的男女和你们的善良的奴婢，你们应当

回族婚俗

回族的婚姻在遵守国家婚姻法律的同时，还遵从伊斯兰教教法的规定。教法基本原则和要点为：婚姻自主，鼓励正常婚姻，反对非婚性行为，提倡和鼓励身体健康的成年男女结婚，反对独身主义和禁欲主义；禁止乱伦，反对直系血缘关系或哺乳关系的婚姻。反对强迫和买卖婚姻，不赞成穆斯林与非穆斯林婚配。

贵州回族婚俗既保持伊斯兰教传统，又融入了一些地方习俗。民国《镇宁县志》说："回族婚姻礼制，问名、纳彩与汉族同。惟迎娶时，则纯用宗教仪式。"

回族男女选择对象的原则，首先必须是回族或信仰伊斯兰教的其他民族。如果穆斯林男性找非穆斯林女性为对象，则女方必须"进教"，成为一名穆斯林，如果是穆斯林女性找了非穆斯林男性，则要受到女方家长和亲友的阻止。此外，还要考察对方的家境、家教、人品等。这些方面都合适，才具备联姻的基础。在封建社会，婚姻都由父母包办，讲究门当户对，在很小的时候就由父母做主定亲。中华人民共和国成立后，这种状况逐步得以改变。

回族婚礼

使他们相互配合。如果他们是贫穷的，那么真主要以他的恩惠，使他们富足。真主是富裕的，是全知的。"（《古兰经》24：32）

婚姻也是其主使者的"圣行"，正如穆圣所说："婚姻是我的懿行，谁舍弃了我的懿行，那么他不属于我的教生。"

婚姻还是众圣门弟子的公议，就像他们中一些人所说："婚姻是我们的行为和礼仪。"

宣读到这时，阿訇问新郎："某某小伙儿，你愿意迎娶这位漂亮、聪慧、虔诚的穆斯林姑娘为妻吗？"阿訇用事先准备好的红枣、花生、核桃、糖果之类的果品，向新郎身上轻轻地抛洒，新郎用阿拉伯语回答："盖比勒土！"（我接受！）

然后，阿訇又问新娘："某某姑娘！你愿意嫁给这位英俊、忠实、可信的穆斯林男子吗？"新娘则用波斯语回答："搭担"（我愿意！）

阿訇接着宣读：

她是自愿而非强迫结婚的，还有这些出席婚礼的贵宾们的见证，愿真主赐福他们！凭着聘仪和四项教法规定，愿真主以他的恩惠、宽恕、慷慨、慈悯使你俩永远幸福。的确他是施恩的、宽厚的、广施的、特慈的主。

赞颂真主和他的使者。两位新人（求婚者）可谓皆大欢喜，这个婚姻可谓两厢情愿。

我祝愿：祈求多饶恕的真主，宽恕我和你们以及全体穆斯林，的确他是饶恕的、特慈的、好善的、宽厚的主！

念完证婚词后，由阿訇带领在场的穆斯林捧起双手向真主做"都阿"（祈祷）。祈祷词如下：

主啊！求你让他俩和睦，犹如你让穆圣与圣妻阿依莎、阿里与圣女法蒂玛和睦。

祈求真主以其仁慈，使他俩（生活）美好、（婚姻）幸福。最最仁慈的主啊！

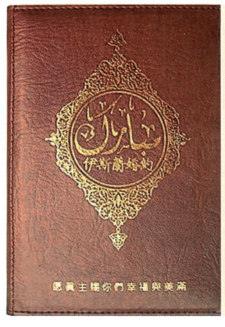

依扎布（婚书）

做完"都阿"后，双方男性家长（监护人）相互"拿手"（念赞圣词），以示结为男女亲家，并互道"穆巴拉克"（吉庆）。阿訇还要当众讲解教规教义，教育夫妻双方孝敬父母、勤俭持家、互敬互爱、白头偕老。之后，阿訇抓3把"喜果"撒向新郎，其余的抛撒给贺喜的人，称撒"喜果"，大伙争相抢拾，掀起婚礼高潮，以示喜庆吉祥。婚礼后的宴席，一般比较简单。席后，新郎由陪郎陪伴，新娘由送亲婆陪伴进入洞房。进洞房后，新婚夫妇兴抢坐新床。据说谁抢先坐上，今后当家理财就是谁。因此，陪郎、送亲婆都想方设法让自己一方的新人获胜。

次日早晨洗漱毕，送亲婆和新娘用娘家带来的炒米、糖水待客。然后，请新娘的亲属在堂屋就座，由送亲婆指挥新婚夫妇向长辈敬茶，逐一行礼。至此新娘方可走出房门。婚礼后第三天是"回门"。娘家派人接新婚夫妇到家做客，当天返回。娘家要做回门粑粑送新郎。

随着时代的发展，一些穆斯林青年在举行婚礼时，也采取了传统与现代结合的方式，即先举行传统意义的婚礼，再按地方习俗举办一次婚礼。

● 庄严简洁的葬礼 ●

　　回民的死亡称为"无常""归主""毛提""归真"。"无常""归主"是借用汉语做逝世的代词；"毛提"是波斯语"逝世"的音译；对虔诚的穆斯林、阿訇或回族知名人士的去世则称"归真"（本为佛教用语，回族借用来表达"从真主那里来，仍回到真主那里去"）。回族不说"死"这个词，因为伊斯兰教将死亡看做是人的必然归宿，即嘎来布（肉体）的消失和"鲁哈"（精神）的升华，是"复命归真"；将遗体称作"埋体"或"亡人"，送葬称为"送埋体"。

　　回族穆斯林的丧葬习俗，体现了一个回族穆斯林生命结束后，其他穆斯林进行悼念、祈祷、安葬的全部仪式过程，是回族民俗中重要的组成部分。伊斯兰教教义认为生是死的起点，死是生的结果。因此，作为每一个穆斯林对于亡人不论其身份贵贱或贫富，都要尽一个穆斯林应尽的责任和义务。

者那则（殡礼）

者那则（殡礼）

　　回族葬礼有三条基本要求，即土葬、从速、从俭。伊斯兰教教法规定善葬亡人是穆斯林的善举。在亡人待葬期间，不宴客，不服孝，禁止采用教法规定之外的习俗。

　　殡礼称为"者那则"。"者那则"为阿拉伯语音译，意即"殡礼"。回族穆斯林均有参加站"者那则"的义务，尤其是亡人的亲属更应参加。凡参加站"者那则"的回民，必须作大小净。

　　亡人穿"克凡"后，安放于"塔布"（专抬亡人的木制活底匣子），抬至清真寺院内（也可选在其他宽敞洁净之地），使亡人头南脚北面西（朝向"克尔白"），主持仪式的阿訇面向克尔白靠近"塔布"站立，其他人于阿訇之后排班站立，举意："主啊！为你礼拜，为亡人祷告，回赐归亡人。"跟随领拜者抬手赞念4次"大赞"（即"真主至大"）后，内心默想鞠躬、叩头，然后向左右说"色俩目"，仪式即告结束。

　　安葬亡人，不用棺椁；下葬不择日子；墓地选择不看风水，不信龙脉等。在回族聚居的城镇、村落均有公共墓地。墓地的选择上只要是土坡、土质坚硬、地势稍高、坡势走向朝南即可。墓地静止放牧、砍伐和修建房屋。墓地在城市周围的还要建围墙保护。

回族穆斯林也有在坟墓前立碑的做法，这是从其他民族习俗中学来，因此其式样、碑文书写格式都是照原样套用，所不同的是碑文中有一部分是用阿拉伯文书写，通常写在碑的上部，内容为"泰斯米叶"、清真言和作证词等。除方块碑、圆头碑外，有条件的还立"大八字碑"，即下为三碑四柱，上盖瓦檐石雕，檐石上为斗石，斗石上是碑帽；四柱雕有花草，刻有对联；三碑中，中间一块撰写生平，两边两块分别为序文、家谱及立碑人名等。

者那则（殡礼）

游坟

游坟（即谒墓，又称"走坟"、"上坟"）是穆斯林纪念亡人、寄托哀思、参悟自省的一种仪式。通过游坟，以示对亡故者的纪念和缅怀，并祈求真主"恕饶罪过"，升高其品级，同时也是对生者的激励和警示，穆斯林亲临墓地，见坟生感，促使其珍惜生命，善待自己和他人，多干善功，弃绝行恶，做一个正直、虔诚的穆斯林。游坟的最佳时间为每周主麻日及其前后一天，开斋节会礼后集体前往墓地游坟。此外，亦有在亡人生辰、忌日游坟者。游坟时要请阿訇同往坟地念经，以尽搭救亡人之责。游坟为男性穆斯林参加。如果女性不会因感情脆弱而哭泣等，其游坟行为是"可嘉"的。游坟者必须大净。诵经必须明确"举意"（心中有明确意愿）。

由于受地方习俗的影响，贵州一些回民在给亡人举行葬礼后，往往还要举行一系列宗教仪式，其中有的大概是从其他民族习俗中套用的，如，盘县回民葬后 3 天要请阿訇及乡老到家念经 3 天，葬后第 7 天要做"头七"。孝家请阿訇宰牲或炸油香，然后诵经。凡帮忙送葬的族亲都来做客，不收礼。"二七""三七"可做可不做，规格亦可大可小。头一个月内，尤其是前 21 天，每天早上请阿訇由孝子陪同去上坟。满月、40 天、100 天和周年要与"头七"一样宰牲念经。水城回民在葬后 7 天内每天均鸡鸣而起，沐浴净身，炸油香，请阿訇到墓地念经祝祷。之后每 7 日一次，直到 49 天。期间也做"满月""四十天"。百日要宰羊请客。除做"周年"外，还要做"二周年""三周年"。这种习俗在其他地方也较为常见。

有的则是从伊斯兰教礼俗中延伸出来的，如，写护心"都阿"，放"七窍米（麦）"，念下土经等，这些多为亲属对亡人表示追思的形式，同时表达一种代亲人赎补罪过、祈求真主恕饶其生前过失的善良愿望，并非教法规定的圣行和义务。

● 隆重的节日 ●

　　回族的主要节日有开斋节、古尔邦节和圣纪。此外，还有登霄节、白拉特夜、盖德尔夜、阿舒拉日、法蒂玛节等节日和纪念日。

　　开斋节为阿拉伯语"尔德·菲图尔"的意译。波斯语称"肉孜节"。时间为伊斯兰教历 10 月 1 日。按照伊斯兰教教法规定，成年男女穆斯林在伊斯兰教历每年 9 月（即莱麦丹月，俗称"斋月"）封斋 1 个月。斋月始于伊斯兰教历 9 月初新月出现，结束于 10 月初见到新月时为止。在满 29 天的当晚寻看新月，如看到，翌日为 10 月 1 日，即开斋；否则，继续封斋 1 日，开斋节亦顺延 1 天（现在世界伊斯兰教组织机构已精确推算出封斋和开斋日期，供世界各地穆斯林使用）。开斋节的主要礼仪有：（1）忙食一物。穆斯林于该日晨礼后速进少许饮食，以示戒满开斋向真主感恩之意。（2）交纳开斋捐。穆斯林按家庭人口计，每人施麦 1.25 公斤，可折成现金施贫，或交清真寺做宗教基金（也称"麦子钱"）。（3）举行会礼。是日上午，穆斯林淋浴盛装，默诵赞词，

威宁开斋节庆祝活动

威宁开斋节联欢会

聚集在清真寺内举行规模盛大的会礼仪式。参加人数过多时可延至大殿外。(4)传油香。节日前1日，各家准备油香，开斋节时带到清真寺放入清真寺事先准备好的一个大簸箕中，在礼拜结束时，由阿訇分送给到寺的人。之后，清真寺管委会要统一组织穆斯林前往墓地游坟，悼念亡人。有的还请阿訇到家诵经，感恩真主，祈求赐福和佑护全家平安。开斋节向来为穆斯林所重视，参加会礼的穆斯林比平时参加聚礼（主麻）的多。

开斋节节日气氛浓厚，一般要过3天。要炸油香，宰鸡、宰羊等。近年来，有条件的地方还举办晚会庆贺。

"古尔邦"为阿拉伯语"尔德·艾祖哈"的音译，意为"献祭"、"献牲"，亦称宰牲节、忠效节。为朝觐功课的主要仪式之一。时间是伊斯兰教

贵阳清真寺古尔邦节会礼

历 12 月 10 日，即朝觐期的最后一天。古尔邦节的宰牲，起源于古代先知易卜拉欣的传说。易卜拉欣夜梦安拉命他宰杀爱子伊斯玛仪献祭，考验他对安拉的虔诚。正当易卜拉欣举刀杀子时，天使吉卜利勒奉安拉之命降临，送来一只黑头羝羊，命易卜拉欣以宰羊代替献子。后来，古阿拉伯人便形成每年宰牲献祭的风俗。

伊斯兰教创立后，为纪念此事、感谢真主，将宰牲列为朝觐功课礼仪之一。教法规定：凡经济条件宽裕的穆斯林，每年都要奉行宰牲礼仪。朝觐者在 12 月 10 日举行宰牲，世界各地穆斯林亦在 12 月 10～12 日宰牲（逾期宰牲无效）。穆斯林在节前打扫室内外卫生，制作油香等节日食品。节日拂晓，室内燃香，沐浴净身，换上整洁的服装赴清真寺参加会礼。会礼由阿訇或教长带领，面向圣地麦加方向鞠躬叩拜。阿訇宣讲"卧尔兹"。礼毕，举行宰牲仪式，经济条件好的家庭，宰 1 头牛，经济状况差的可几人合宰 1 头牛（以 7 人为限）或单独宰 1 只羊。所宰之牲须体端、健壮，不宰不满两岁的羊羔和不满 3 岁的牛犊。宰牲肉分为 3 份，分别自用、馈赠亲友、施散穷人。宰牲

各种节日纪念日是清真寺最喜庆的时刻

仪式结束后，走亲访友，馈赠节日食品，互致祝贺。有的还游坟祈祷，缅怀已故先人。

圣纪为阿拉伯语"毛利德奈比"的意译，一译"先知诞辰"。据阿拉伯史籍载，穆罕默德出生于570年，即阿拉伯太阴历"象年"（此年因阿比西尼皇帝率乘坐大象的军队出征麦加，故名"象年"）的3月12日，逝世于希吉来历11年的3月12日（一说13日），即632年6月8日。因此，穆斯林将两个纪念日合并举行，称为"圣纪"或"圣忌"，俗称"圣会"。各地举行圣纪的日子并不统一，可在希吉来历3月12日，或3月内的任何一天；也可提前甚至可以推迟至年末，主要是为了便于群众聚集，有利于搞好纪念活动。如农村举行圣纪，多安排在秋收以后。过去由于受交通、经济等条件的限制，圣纪并非每年都举办大型纪念活动。但凡是举办圣纪活动，通常规模都较为隆重和热烈，本地穆斯林均可参加，同时还邀请外坊外地穆斯林参加。纪念活动一般在清真寺举行。由阿訇念诵《古兰经》，吟诵"赞圣词"，讲述先知的生平业绩和懿行，学习先知的崇高品质和美德。有经济条件的地方还举办宴会，宰牛、羊，备办宴席，进行聚餐和宴请宾客。

威宁大洼塘清真寺圣纪节纪念活动

回村
HUICUN

ZHANXINMAO
展新貌

● 乡村间的阿拉伯建筑 ●

　　行走在黔西北或黔西南乡村回族聚居地，远远就能见到一些宝顶突兀、尖塔高耸的阿拉伯风格建筑，那就是回族的宗教文化中心——清真寺。

　　清真寺是回族穆斯林宗教活动场所和经济、文化、社会交往、社区服务的中心。清真寺具有多种功能。清真寺是穆斯林礼拜的场所，是阿訇宣讲教义和宗教常识的讲坛，是为穆斯林群众主办婚丧嫁娶等事务的服务中心，清真寺还有举办经堂教育培养阿訇的职能。正因为清真寺具有的重要地位和作用，所以建设清真寺向来是回族社区的一件大事，历来受到重视。"清真之教为拜主赞圣之地也，是故名区胜地固时功趋跄对越之诚，即僻壤穷乡记忘恭敬笃信之意，允吾教所托处之区，彼清真寺又焉容少哉。"

伊斯兰教第一座清真寺

伊斯兰教第一座清真寺位于麦地那城西南3公里处，是以椰枣树为支柱的建筑。这座清真寺至今仍保留着。据埃及作家海卡尔著《穆罕默德生平》记载，穆罕默德打算在麦地那城贝尼·纳加尔，他所乘坐的骆驼第一次停蹄卧伏的地方修建一座清真寺，"……骆驼向前走着，一直走到两位白尼·纳加尔族孤儿简陋的草舍前停了下来。穆罕默德下了骆驼，问道：'这草舍属于谁所有？'马阿兹·本·阿富拉回答道：'属于阿慕尔的两个儿子萨海勒和苏海勒，他们都是孤儿。'又补充说：'我给他们安排别的住处吧。'并建议穆罕默德在这里修建清真寺。"穆罕默德接受了他的建议，和大伙一起动手修建一座十分简陋的清真寺和住房。实际上，清真寺就是一座空旷的大院，四周的墙壁用土坯砌成，一边的屋顶铺着椰枣树的叶子，另一面是露天的。建有一个小讲台作为宣道处。先知指示说："让无家可归的贫困人居住在里面吧……"

在回族聚居地，凡有条件者，均建有清真寺。

贵州回族建筑在继承伊斯兰建筑艺术的同时，学习和吸收中国传统建筑风格，形成融伊斯兰教特色、阿拉伯建筑风格和中国传统建筑艺术于一体的独特艺术。

贵州20世纪80年代才出现仿阿拉伯式清真寺，通常总体重建的清真寺全部采用仿阿拉伯式样。但也有因地制宜，一寺两制的，如贵阳、安龙、威宁杨湾桥、普安青山等清真寺，前楼为仿阿拉伯型制，大殿为中国传统建筑型制，呈现出多样性特点。

贵州阿拉伯式建筑型制清真寺，主体建筑为砖混结构正方形（或长方形），有的为突出主建筑还将一

威宁迤那清真寺

東山清真寺

朝真殿

威宁宋家山清真寺

楼建为平台式，而大殿建在二楼（如平坝清真寺等）。屋顶为平顶，正中均仿阿拉伯建筑式样建一个或几个绿色圆拱顶，其上以金属等物做成圆塔状物并于终端饰一弯新月，直指蓝天。

两层以上的清真寺，廊柱高耸，甚为壮观。通常清真寺正面均设走廊；门窗为拱形（圆拱或尖拱），一般都较大，使大殿内显得宽敞明亮，雄伟庄严。厢房亦采用阿拉伯式样，颜色为绿色，门窗为拱形。城镇中的清真寺，还在临街建筑顶部建一巨大圆形绿顶以彰宣伊斯兰教（如安龙清真寺、遵义清真寺等）。限于土地及经费等原因，一般不另建宣礼塔，而在门房正中单建一间（拱顶在其上）作为宣礼之用。

清真寺的整个建筑群体均不多作装饰。在城镇，为城区美化的总体需要，有的则在外墙贴白色瓷砖（柱的部分和门窗边沿为绿色）；有的选用绿色涂料，将建筑物全部涂为绿色。因使用钢混结构，故窑殿通常都设置得较大，在壁龛及周围用阿拉伯文描写《古兰经》文，为金黄色，手法较为精细，此外再无别的修饰。

屋顶通常以穹隆顶或烛形尖塔装饰（也有两者同时使用的）。限于经费及技术等原因，直接的拱壳球面穹隆很少见。较多的是在钢混结构平面屋顶之上另拱一个仿穹隆顶，式样有球形、半球形、碟形、尖形和葱头形等。为使穹隆顶显得高大，有的还先在房顶砌一圆型墙基（高 1 ~ 2 米），然后建宝顶。通常穹隆顶为绿色，其上安放一细长形宝瓶饰物，顶有新月标志，突出伊斯兰教特色。烛形尖塔分圆柱形、六角形和方形 3 种，其直径大小、塔身高低和座数多寡，全依寺之大小而定。为解决承重，塔均建于立柱之上，体现了均衡和稳定原则，不仅达到建筑形式上的美，而且也安全可靠。

门窗装饰主要是采用拱券形门窗。使用上又有多种变化，如辐射形、弧形、等边尖形、马蹄形等。有时同一建筑，门、窗用不同的拱，以细部形态的变化，展示总体的美。威宁彝族回族苗族自治县迤那镇麻窝清真寺在近年贵州农村新建的仿阿拉伯式清真寺中，有一定代表性。该寺大殿为三开间，两层，大殿在二楼，高大宽敞。顶部两侧各有一座尖塔，正中建宝顶，宝顶上新月高耸，直插蓝天。

清真寺内部的装饰上总体要求是一致的，如不供奉偶像；不悬挂带有人物、动物图像的饰物；大殿均铺木地板，大殿内不设凳、椅等。

礼拜大殿。礼拜大殿是专供礼拜的地方，是清真寺建筑主体。按伊斯兰教规定，做礼拜时必须面向麦加，而麦加在中国之西，故大殿必须是坐西向东。大殿在清真寺的中心部位，一般都较高大，有长方形、正方形等结构形式。礼拜殿内通常陈设简朴，墙壁以阿拉伯纹饰装饰，地面铺以地毯。

　　凹壁。凹壁位于大殿后墙正中，阿拉伯语音译为"米哈拉布"，在中国亦称"窑殿"。通常为砖石建筑，也有木质结构。凹壁方位朝向麦加克尔白，以标志礼拜的方向，它是阿訇、教长站立讲经和领拜之地，为清真寺内最圣洁之处。凹壁的装潢最为讲究，通常在正中及四边雕刻"泰斯米叶""清真言"和《古兰经》文等。凹壁边缘的装

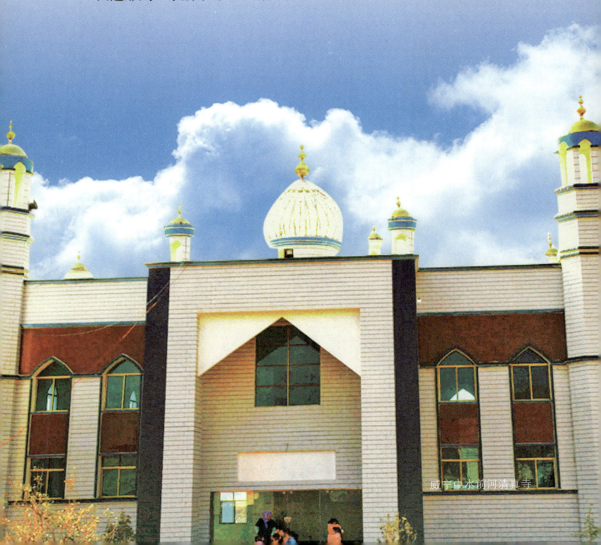

威宁中水前河清真寺

饰除采用阿拉伯文书法纹饰外，还采用几何纹、植物纹（包括卷草纹、花头纹和象征纹），有的是两种纹饰搭配使用。凹壁处的后墙壁通体白色。盘县大坡铺清真寺窑窝碑是贵州现存最早的窑窝碑。清真寺建于明正德年间（1506～1521年），窑窝碑为黔国公沐昆立。清真寺毁于清咸丰十一年（1861年）三月。相传沙坡一带十几个村寨的回族穆

威宁麻窝清真寺

斯林，多为明初随军征战有功将士，他们于明代后期由云南迁居此地。建有大河铺、马脚寺、华家屯等清真寺。清咸丰、同治年间白旗起义失败后，均被毁。各清真寺壁龛及窑窝碑因石质坚硬，得以留存下来，成为重要的历史见证。

讲坛。阿拉伯语称为"敏巴尔"，意为"讲台""讲坛"。清真寺礼拜大殿内的宣讲台，专供伊玛目在聚礼和会礼时讲"呼图白"（即宣教词）所用，前有阶梯，通常为3级或5级，也有7级的。阶梯两侧及平台处均设扶手及护栏，有的还加圆形拱门，并以几何纹和植物纹作为装饰，工艺精细，装潢考究，形似一个小型楼阁。讲坛一律安放于凹壁至右墙之间。因贵州清真寺大殿一般都不太大，故讲坛阶梯以5级居多，有的为减少整个讲坛跨度，还采取减少阶梯宽度的方法。农村清真寺的讲坛，较为简洁，多为数级木质台阶及一个小平台。

立柱。大殿内通常有4根立柱，也有6根或8根，视宽度而定。为不使其显得单调，一般以阿拉伯文书法纹装饰，样式为中国楹联式，采用相同图案（菱形或圆形等）对称布局书写，前后各一幅。内容主要是《古兰经》文摘抄等。将内容调整好写到预先安排好的对称的几何形状中，看上去就如同楹联。

盘县大坡铺清真寺窑窝碑

贵阳清真寺大殿抱柱楹联

● 马家屯，一个姓氏的起源地 ●

　　马家屯，位于贵州省威宁彝族回族苗族自治县城西 16 公里，海拔 2180 米，是黔西北、滇东北回族马家屯马姓的再次发源地，现有一座清真寺，265 户 900 多穆斯林。

　　"马家屯"之名源于明代军屯。明代乌撒（威宁）的 48 屯中就有"马家屯"。清咸丰十年（1860 年）三月所立《马家屯马氏三公世系碑记》（云南举人马登昆撰文）记载："三公讳超、讳越、讳起昆季三人者，陕西平凉府固原州柳树湾马氏望族也。其先，始祖公于明洪武十四年（1381 年）从丽江王傅公节征云南，道经贵州，一路望风效顺，安抚得宜，至始祖，军功留守乌撒卫。"证明马超、马越、马起 3 人的始祖公是陕西固原人氏，明洪武十四年随征南将军傅友德征云南，遂屯守贵州威宁马家屯。相传马家屯之名就是因屯兵长官为马姓而得名。马家屯马姓先祖马超、马越、马起三兄依次为怀远、明威、武德将军。明末天启二年（1622 年），西南民众反明，攻城略地，战事频繁，乌撒脱离中央政权 8 年之久。明军忙于应付北方清军袭扰，无暇顾及西南。乌撒等地屯成明军及居民只得相连自保。马超等率明军作战，马家屯兵民伤亡惨重，仅存数人。马超、马越、马起三兄弟自立氏族，名曰"马家屯马"。

　　马家屯南有数峰耸立，恰如屯之侍卫；山延西凉山，地接耿家屯海子。屯中有龙潭数口，每逢雨季，潭水涌出，汩汩有声，似蛟龙喷水。

威宁马家屯清真寺

　　马家屯清真寺，坐落在马家屯寨子中间一个小山包上，周围古树参天，绿阴掩映，有姜子树、三角枫树数十株，胸径均在 70 厘米以上，高大挺拔，枝繁叶茂，环境优美。

　　如今贵州威宁和云南昭通、鲁甸、会泽、宣威等地的马家屯人，不低于 10 万人，这么大而且历史悠久的家族，就发源于杨湾桥的马家屯。许多地方的马家屯人，都将其现在的居住地名称为"马家屯"。

　　马家屯人善于经商，村中有五六十人做牛马生意。原先只限于本县做；如今发展到由缅甸、泰国购货运回昆明卖。近几年由马家屯搬到小平滩街上做生意的就有 32 户，还有 10 来个搞建筑的小工程队。

威宁马家屯清真寺旁古树

● 小岛古寺 ●

在距威宁县城以西 14 公里的杨湾桥，有一座面积达 5 平方公里的水库，双龙河、响水河、白岩河汇集于此。水库中有一座小岛，岛上有座清真寺，这就是黔中著名古寺，曾获"全国模范清真寺"称号的杨湾桥清真寺。

杨湾桥是黔西北、滇东北回族最早的聚居地之一。习惯上所称的杨湾桥，范围包括双龙乡大地村、江林村、双龙村、红光村和草海镇卯关村。杨湾桥一带回族居住的村寨有松林头、小山营、水库上、马家屯、所家底下、老屋头、清水沟、河湾子等，有回族 1600 多户，6000 多人。

回族于明洪武年间迁入杨湾桥。据威宁《虎姓家谱》载，洪武年间"吾祖奉旨征剿，平服以后，至威宁报领地土丰登山杨旺桥（杨湾桥）等处之地，住城内之将军第，……之后造城池，吾祖公又迁移虎龙山住居数十年，又迁移杨旺桥（杨湾桥）"。威宁《马维富碑文》载，其族明洪武年间由陕西固原寺口子入贵州，留守乌撒卫。明末，阮姓迁居威宁杨湾桥。清康熙四年（1665 年），刘吉受聘出任杨湾桥清真寺掌教，设帐讲学，广纳四方学子，培养了大批经学人才。

杨湾桥水库

　　杨湾桥适宜多种植物生长。主产农作物有洋芋、苞谷、小麦、大豆、蔬菜等；经济作物有半夏等。

　　紧靠水库旁的江林村，被杨湾桥水库环抱成一个半岛，村中古树参天，村容整洁，村民纯朴勤劳，热情好客。水库西北 2 公里的马家屯，建于明代。今仍存石街、古井。清真寺坐落于村中小山上，为阿拉伯式建筑，周围生长的姜子树、枫树，树冠高大挺拔，树龄近千年。

　　近年来，杨湾桥回族经济发展速度较快，有 200 多户人家因种植半夏致富，有 100 多户回族运输户。回族文化教育正蓬勃发展。先后建成一所初级中学、两所完小、一所回族私立小学。有中学教师 56 人、小学教师 69 人，师资力量较强。

杨湾桥小岛上的清真寺

● 秀水如画 ●

秀水伊斯兰特色街区

秀水乡位于威宁彝族回族苗族自治县西部，面积142平方公里，人口近2.8万人，其中回族约占全乡总人口的49%。世居秀水的回族与其他民族一道，用他们的勤劳和智慧创造并传承着优秀的文化。

行走在秀水这片美丽的土地上，你会感觉到一股浓浓的回族风情。

2011年9月，中国贵州威宁草海国际观鸟节第三届"百鸟之都、阳光威宁"大明杯全国摄影大展召开，组委会在秀水乡组织了"高原览胜，聚焦威宁"大型创作采风活动，来自北京、上海、广东、广西及贵州等10

摆布嘎清真寺

余个省、市、自治区的 60 余名摄影家和摄影爱好者参加活动。采风活动正值回族开斋节，组委会将秀水摆布嘎清真寺开斋节大型庆祝活动列为摄影展系列活动之一。中共秀水乡委员会、秀水乡人民政府对此作了精心筹备和周密安排，摄影家对开斋节的礼拜、做油香、传油香、烤罐罐茶、讲卧尔兹等极具回族特色的活动颇感兴趣，纷纷举起手中的相机，不断按下快门，记录下回乡浓郁的民族风情。山歌对唱等节目表演也吸引了众多摄影家的注意力。秀水乡前峰村独特的高原生态畜牧景观让摄影家们赞叹不已。"那是一个诗意般的地方。去过一次，一世难忘！"摄影家们如是说。

　　秀水为威宁回族主要聚居地之一，清真寺主要有：华丰村华丰清真寺、秀水村秀水海子清真寺和长山清真寺、朝阳村中心清真寺、坚强村阿末冲子清真寺和四火头清真寺、高峰村龙滩清真寺、前峰村摆布嘎清真寺等。其中，摆布嘎清真寺始建于清道光二年（1822 年），原寺为土木结构四合院瓦房，占地 800 多平方米，建筑面积 180 平方米，1988 年政府拨款 7500 元扩建。近年重建，为砖混结构两层楼房。秀水清真寺建于 1926 年，为土木结构四合院瓦房，两个天井，建筑面积 150 平方米。20 世纪 80 年代，县人民政府拨款 2300 元维修，2001年又翻修为砖混结构平房。阿毛冲子清真寺建于清光绪二十六年（1900年），原为土木结构一字水瓦房。1988 年，县人民政府拨款 4500 元维修，建筑面积 120 平方米。

秀水穆斯林欢度开斋节

● 百年黄梨今更香 ●

哈喇河位于威宁西南部，距县城 52 公里，辖 8 个村，人口约 2 万人，有马勃、马街、小海、干河沟、谢家院子、岔河、双河、杨家坡、梨园、小米行、半坡、箐口等 20 余个回族自然村，有回民 2200 余户，1.1 万人。

哈喇河属河谷地带，年平均气温 12 摄氏度。境内有发源于西凉山双龙洞的哈喇河，河流全长近 30 公里，河面宽度 15 米左右，为牛栏江支流。哈喇河小区气候较好，水源丰富，粮食作物有稻谷、玉米、豆类、小麦、土豆等，经济作物有辣椒、西红柿、黄梨、苹果、核桃、杏子、李子、石榴等。近年来，当地调整产业结构，种植早熟苹果、反季节蔬菜、早熟玉米、马铃薯等。有的人家可收马铃薯几万公斤，核桃、辣椒上千公斤。

百年梨树，繁花似锦

哈喇河盛产黄梨。当地的黄梨个大汁浓，远销四川、云南等地。哈喇河黄梨已有 200 年的历史。相传，清朝中期哈喇河有位老阿訇由云南镇雄回来时，带了一根梨树枝在当地嫁接，这棵嫁接的梨树长大结梨时，发生变异，结的梨比镇雄的梨个大、核小、皮薄，质脆汁多，香甜可口。后来方圆几十里的人都来这里剪枝去嫁接，海拔高度与哈喇河差不多的地方都成功了。哈喇河黄梨得以迅速发展，名声越来越大。

哈喇河黄梨是中国沙梨系统中鲜食与加工兼用的著名品种。其优点是植株生长健壮，寿命长，产量高，果大皮薄，质细汁多，营养丰富，果实耐存放、不腐烂、好运

哈喇河大黄梨

输。该品种曾列入中国八大名梨之一，产品在中国南部和西部各省（区）都有很好的销售市场。近年来，哈喇河乡借助"大黄梨之乡"美誉，发挥当地黄梨品牌的优势，增加投入，科学种植，以"公司＋基地＋农户"等模式，将黄梨产业打造成地方特色果品产业，帮助农民增收。2010年，哈喇河乡完成黄梨老果树改造2000亩，建成黄梨标准示范园1000亩。哈喇河乡政府计划在近年将老黄梨全部进行改造，5年内新种黄梨21万株，预计产量可达1000吨以上，果农年人均收入可增加260元以上。

小桥流水

　　同时政府大力推进种植和养殖业，按照规划，到2014年，哈喇河乡各类牲畜存栏量可达3万头（只）左右，年均出栏量6000头（只），蔬菜种植达3000亩，实行3季轮作，蔬菜在种植的当年见效，按每亩3000斤计算，可增收860万元左右。

牧羊

　　回族在哈喇河经济发展中发挥着重要作用。为了发展哈喇河种植养殖业，2009 年成立了一个以回族为主体的农民专业合作社——"哈喇河乡海外种养殖专业合作社"，合作社现有股东 16 人，社员 510 名，注册资金 500 万元。该合作社有草场 5000 亩、黑山羊 4500 只、标准化羊圈 1600 平方米。2010 年种植优质核桃 1800 亩，种植黄梨 300 亩，改造老黄梨 250 亩。2010 年 4 月，哈喇河乡海外种养殖专业合作社获威宁彝族回族苗族自治县农业产业化重点龙头企业称号。种植养殖专业合作社在新农村建设中起着重要的示范作用。

　　当地回族于明代开始定居哈喇河。清代建了小米行、马勃、干河沟、梨园、岔河等清真寺。此后相继修建有小海子、谢家院子、箐岩、背阴坡、坡上、炉房、拉多、发沙、中营、马鞍和半山等 20 余座清真寺。其中，小米行清真寺，建于清末，1936 年扩建，建筑面积 150 平方米。20 世纪 80 年代维修。有回族穆斯林 600 多人。马勃清真寺，位于马脖村，原址在该乡海外村小海子，建于清朝中期，1913 年迁建于马脖子。为土木结构瓦房，建筑面积 200 平方米，20 世纪 80 年代维修，有回民 500 多人。甘河沟清真寺，位于海外村，建于 1931 年，土木结构，建筑面积 80 平方米。20 世纪 80 年代维修，有回族穆斯林 470 多人。

秀美山村

● 西凉山间马撒驿 ●

清代威宁人张吉熙（曾任贵定县训导）《千丈崖》诗描写威宁景色云：

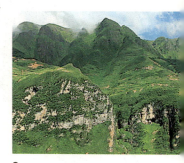

威宁西凉山

> 茅屋人家半掩关，
> 巉岩千丈响淙潺。
> 斜阳一抹鸦边路，
> 青透滇黔万叠山。

西凉山正是这样一个群山耸立、地广人稀、植被丰密、山清水秀的地方。

西凉山位于威宁彝族回族苗族自治县中部，草海西侧，距县城 30 公里，为乌蒙山支脉，是威宁回族主要聚居地之一。西凉山回族村寨主要有王半山、小枧槽、对门、洼子头、马撒驿、高枧槽、陡半坡、凉山顶、董家沟、波泥沟、牧场、铁厂、水坪子、夹马石、桂家营等，有回族 1800 余户，9000 余人。西凉山"山势绵亘，高耸入霄，如屏障然，冬时恒有云雾笼罩，偶逢开霁，积雪皑皑，望之如玉山"。"西山雾雪"

威宁西凉山马撒驿

威宁回族刺绣

西凉山洼子头

曾列为威宁八大胜景之一。

　　西凉山中马撒驿，在明清时期为威宁通往云南古道上的重要驿站，也是回族进入威宁后居住时间较长的地方，下坝马姓有 200 多户居住于此。

　　"凉山"是黔西北和滇东北一带对高寒地区的一种称谓。西凉山因地势较高，年平均气温低，故有此名。西凉山主产洋芋、荞麦，农作物产量不高。但荒岭草坡较宽，占总面积的 52%，有利于畜牧业的发展。牛羊养殖已成为当地的主要经济来源。

　　历史上，马撒驿回族穆斯林同其他贫苦农民一样，饱受田赋、地租及苛捐杂税之苦，加之高利贷剥削，生活极为贫苦。1935 年蒲汉英在《宣昭公路勘测记》里这样描述他所见到的回族村寨马撒驿："（11 月 25 日）午后 5 点 15 分我们新到了一个村子，这是一个回族地方，名叫'吗撒玉'（马撒驿）。零零落落的几间瓦房和草舍，觅了半天的住房，都觅不出，不是我们刁选，实在太下不去……比较住得成的有一所清真寺，为了避免引起他们的反感，我们不曾住，卒竟住到看过几次都落了选的一家。"

新中国成立后，这种状况才得以改变。近年来，修了通村公路，农村电网改造惠及农户。因加大对农业的投入，粮食已实现自给。农户充分利用当地的林、草资源，发展牛羊养殖，实行封山育林的同时植树造林，其中高山村回民马贤忠自己造林就达 10 多亩，在他的带动下，村里许多农户都种树一亩到数亩。村民种植和养殖的收入逐年增加。许多农户修了小水窖，人们用不着人背马驮地到杨湾桥等处取水。

　　西凉山回族传统的木缸腌酸菜、荞面汤、燕麦粑、火烧苦荞粑等，为当地特色食品。凉山回族妇女善于刺绣，所绣蚊帐绣片、枕套、围腰、裤带、鞋等，做工精美，已经成为一种工艺品。她们还擅长做各种小吃，如苦荞花粑粑，撒得薄，烙得脆；燕麦粑做得超常的大，烤得透而匀，香甜可口。

　　西凉山回民纯朴厚道，勤俭温和，吃苦耐劳。他们在劳动之余还创造了丰富的"山歌文化"。山歌粗犷豪放，抒发感情，有很高的民俗和文化价值。如：

　　　　郎要走来妹要留，没有礼物心发愁；
　　　　送哥一根花裤带，系在腰间想心头。
　　　　妹在山上割燕麦，哥在山下吹木叶；
　　　　听见哥的木叶响，手提镰刀懒割麦。

　　西凉山一带为回族聚居地，清真寺较多。其中位于高山村的马撒驿清真寺，始建于明洪武年间（1368～1398年），为土木结构瓦房。"文化大革命"中，被改作高山小学校舍。1987年人民政府拨款进行维修。近年又新建了砖混结构两层大殿。高山村另一座清真寺为高枧槽清真寺，建于清朝末年。此外，还有建于20世纪90年代初的庄子山清真寺、董家沟清真寺，以及黑石头镇水坪村夹马石清真寺等。

高枧槽清真寺阿訇"穿衣"（毕业）仪式

● 马摆山麓岩格箐 ●

马摆大山

马摆大山万亩草场

岩格箐村位于马摆大山南麓，为回族村寨。属高原半凉山地带。向外延伸即为戛利坪子，是威宁回族人口较为集中的居住地。戛利一带回族聚居地有新法水井、新房子、塘上、启沙戛、李家窝窝、箐岩、小岩洞、白泥沟、老房子、青木林、小河沟、岩格箐、龙街子、小银厂等，共 2500 余户，10 000 余人。

岩格箐村后的马摆大山，为乌蒙山向南延伸的支脉，是威宁西南部最大的山，山顶地势平缓，形成 20 多平方公里的高山大草原。马摆大山风光绮丽。在春夏季节，山顶上满目皆绿，连绵起伏，十分壮观。在风和日丽之时，在山顶可清晰看见威宁县城和草海。大山之巅及其四周，有草坪、草坡、山梁、峡谷、海子等风光。山顶草丛中流出的清泉，汇集成高原小平湖，素有"九十九潭"之说。马摆大山南麓有马摆河，为贵州威宁和云南宣威界河。马摆河自西向东流，两岸山高林密，河面随地势宽窄不一，水流时而涛息波隐，静流无声；时而汹涌澎湃，穿峡而去。

2011 年 5 月，笔者陪同贵州社科界 20 位专家学者考察威宁民族宗教工作，有幸登临马摆大山，人们无不惊叹马摆大山的雄伟，马摆河的秀美……清风荡涤我心，忧烦荡然无存，那心境，只一个字——美！当即写下《马摆河赞》：

马摆河水，横贯云贵；
水碧苔藓，绿荫飞缀；
巨石突兀，绝壁崔巍；
瀑声回旋，涧落珠飞；
草茂花艳，鸟鸣鹰翠。
人间绝景，自然之美。

飞瀑

马摆河曾经是航道，有山歌唱到："马摆大河十八湾，渡船要过十八滩。只要跟妹同船渡，划破船底也心甘。"现在植被受损，河水水量小了，已经不见行船。马摆河盛产白条鱼，因马摆河水清澈,源于岩层山泉,水质好,所以马摆河白条鱼的味道极为鲜美。

马摆大山南北长约7公里、东西宽约4公里，半山上杜鹃葱茏，深箐中古木成林，林间和草丛中渗出的涓涓细流，汇成道道清溪，印证了那句老话："山有多高，水就有多高。"山顶成片的"巴地松"，更是一道奇景——由于地理环境和气候的制约，百年马尾松居然只有30厘米高，其枝条间却缀满了松果，极具观赏价值。拍照时，人只有蹲下，才能拍出"百年矮松"的风姿。

岩格箐村村民自古就有保护高山大草原的环保意识，不准在山上放牧、不准开垦种地、不准砍伐山间树木、

静静的马摆河

马摆山百年矮松

不准带火种上山等已经成为村民的自觉行为，使大山上的植被得以保护。马摆大山海拔较高、景观独特，是贵州境内十分罕见的高山大草原，具有极高的旅游开发价值。

近年来，岩格箐村以发展优良马铃薯种植和畜牧业为支柱，以增加农民收入为核心，提高了群众的生活质量。2005年威宁彝族回族苗族自治县扶贫办为该村争取财政扶贫资金29.5万元，在该村实施"整村推进"项目，美化、净化、亮化环境，改变了村容村貌，改善了村民的居住环境，降低了农副产品的运输成本，促进了该村运输业和种植养殖业的快

岩格箐清真寺（寺前古木为"三叶枫"）

岩格箐清真寺旁的古枫树

速发展。进村主路扩宽硬化，农用物资可以直接拉到家门口，农产品运出去也方便。

岩格箐清真寺建于清康熙年间（1662～1722年），原为石木结构瓦房，1973年拆毁。1982年重建。1998年，新建砖混结构平房，建筑面积300多平方米。

岩格箐清真寺后面，有3株树龄在千年以上的枫树，甚为珍贵。

嘎利回族爱唱山歌更是闻名遐迩，令人如醉如痴，曾有"山歌夜市"之美誉。回族唱山歌和对歌等情节还搬上了舞台。山歌在威宁其他地方也比较流行，过去的山歌多以情歌为主，如《情妹生得好风采》这样赞美恋人：

回族对歌（舞蹈）

情妹生得好风采，
好像莲花带露开；
走到山前鸟起舞，
走到河边鱼游来。

《唱首山歌小郎听》，是姑娘对意中人爱恋的表白，歌中唱道：

插枝柳树会生根，
唱首山歌小郎听，
句句唱的真情话，
看郎动心不动心。

随着时代的发展，山歌增添了新的元素，如《生态家园开好头》歌颂新农村建设：

山歌好唱难起头，
楼梯高了难爬楼；
还是党的政策好，
生态家园开好头。

● 水美粮丰顺田坝 ●

巍峨的乌蒙山由黔西北和滇东北向西南延伸，大自然的神奇使其山间形成许许多多的小盆地，威宁顺田坝就是乌蒙山区众多盆地之一。

威宁多山，平地难觅，清乾隆年间赵翼在贵西兵备道任上写诗描述道：

> 三两茅棚嵌碧螺，
> 坡边荞麦水边禾；
> 万山深处都耕便，
> 始觉承平日以多。

可见大山中平地之可贵。像顺田坝这样土肥水美、粮丰民富的平地，更为少见。

顺田坝，又称稻田坝，是威宁回族人口最多、居住最集中的地区。其距威宁县城 102 公里，距昭通 25 公里，是中水镇中心地带的一块大坝子。

顺田坝属高原盆地，俗称坝子，有前河、中河、后河、徐家河四条河穿坝子而过，到下甸子四河相汇后经玉龙注入牛栏江。

顺田坝田土肥沃，水源充足，为威宁西北物产最为丰富的地区。民间流传"威宁管辖顺田坝，昭通管辖黑石洼"的俗语，称赞两地为黔西北、滇东北富庶之地。

中水前河秋景

威宁黄梨

威宁回族学者刘砺在《亲戚地头·稻田坝》一文中写道:

小的时候,当听到"稻田坝"三个字,口水就来,因为稻田坝盛产稻谷,想到稻田坝就想吃米饭。在威宁乃至黔西北、滇东北人们心中,稻田坝都是个富庶之地。稻田坝与昭通烟堆山一步之遥,但为什么归贵州威宁管呢? 相传威宁、昭通两地官员曾为稻田坝归谁管而争执不休,最后师爷出主意说:"你俩别争了,定个日子来遇,哪里遇见就以哪里为界。"昭通官员认为威宁离顺田坝远,肯定要输。到了约定的日子,威宁的管大人快马加鞭往昭通方向赶……而昭通的上官大人起床后过好大烟瘾才上轿赶路,走了两三个时辰,问师爷:"到哪里了?"师爷说:"到烟堆山了!"一听"烟堆山"三个字,又引发他的烟瘾,忙说:"落轿! 落轿!"轿子一落,他就吸上了大烟。当他正在飘飘然时,突听一声:"管大人到!"管大人已下马站到他面前。上官大人起来后就埋怨道:"你咋不坐轿子?"管大人笑着说:"我们没有说是坐轿还是骑马呀!"烟堆山也就定为云贵两省的交界。

如今的顺田坝是威宁烤烟的主产区,当地回族有丰富的烤烟种植和烘烤经验,烤烟质量较好。此外,紫皮大蒜,蒜瓣大、色彩纯、香辣味浓,在西南一带很有名气。近年还出口越南、缅甸等国。目前当地共种植紫皮大蒜 6000 亩。如回族聚居地新光村,该村种植紫皮大蒜在 4 亩以上的人家就有上百户,亩产蒜可达 1800 公斤、蒜头 200 公斤,仅此一项，每户年收入达 1 万元以上。许多农户建起楼房，添置现代化的家具，日子过得越来越好。

顺田坝的黄梨很有名，过去所称的昭通梨，实际上是顺田坝梨，因长期进入昭通市场，故称昭通梨。侯祚照老先生《顺田坝梨》中称赞道：

> 君家草海滨，岂是昭通生？
> 肥美太真肉，芳香孔雀屏。
> 甜心滋味绝，爽口笑声盈。
> 不负顺田坝，千枝万果情。

侯祚照先生是湖南醴陵人，1949 年 12 月以代行毕节专员职责率部起义，曾任政协第五、六届贵州省委员会委员。一个外乡人都如此赞扬顺田坝黄梨"肥美""爽口"，足以说明顺田坝梨的佳美是名副其实的。

顺田坝回族人口约 1.5 万人，是威宁回族居住最为密集的地区，马家院子就有下坝马姓 1000 多户。

顺田坝人善于经商，过去贩卖水果、白蜡虫到四川、湖广。历史

中水大蒜基地

中水马家院子

上入仕及经商者较多，是黔西北回族文化最高的地区。

元代，回族人随元军进入顺田坝屯戍。明代，有回族将士驻扎于此。清雍正年间（1723～1735年），又有大批回族士卒随清军将领哈元生进入。顺田坝有老院子、新院子、雨多落、石板河、后河、包包营、后寨、新街等8座清真寺。其中，老院子清真寺，位于中水镇正山村，始建于清雍正八年（1730年）。原为四合院瓦房，院坝宽阔，院内有一棵白果树，高30米，树围5米，两侧有两棵桂花树，树围1米。20世纪60年代改为学校后，损坏严重。1987年政府拨款重修，正殿保持原貌，同时增建教学楼，建筑面积1250多平方米。大殿、左厢房、宣礼塔为土木结构瓦房，右厢房、教学楼为砖混结构二层平房。当地回族穆斯林3000多人。新院子清真寺，位于中水镇泉山村，始建于清雍正年间，为土木结构四合院，屋面盖瓦，建筑面积800平方米。有回族穆斯林4500多人。雨多落清真寺，位于中水镇银水村，建于民国时期，原建筑为土木结构瓦房。1980年后，人民政府拨款维修。2003年，再度集资新建砖混结构仿阿拉伯式两层大殿，屋顶有三座烛形尖塔，左右两边为厢房。建筑面积1000平方米，有回族穆斯林近千人。

后河清真寺，位于中水镇友光村，建于民国初年，仅有一间土木结构大殿。1980年后，人民政府拨款维修。1990年起，当地回族穆斯林逐步集资，完成整体新建。现大殿为仿阿拉伯式建筑，厢房为砖混结构平房，建筑面积为600平方米。有回族穆斯林1400多人。

中水后河清真寺

● 普安青山古镇 ●

青山位于普安县南部，距县城45公里，全镇辖5村、2个小区、97个村民组，面积125.8平方公里，人口2.9万人。回民于明代"屯垦戍边"时定居于此。现有回族人口6300余人，占青山总人口的21%，主要居住在青山社区、下街社区。

关于明军屯戍青山，至今还流传着许多故事。

青山原称"箐山"，因为当时的青山坝子周围，山峦延绵，草深林密，故得此名。相传，左副将军蓝玉（回族）曾率军驻守青山。他命不贴杰、华升等3名部将分别为

蓝玉塑像

安南、中左、中右三个千户所"千户"，各领千余所军，分驻杨那山、青龙山、羊屯营盘山，中军大营驻扎大营山；并派兵于深溪河、楼下河边修路搭桥，在箐山建库房，欲将箐山建成明军入滇军需的基地。不料，蓝玉因过盘江时值高温湿热，染上"摆子"（疟疾），到箐山的第三天便卧床不起。这消息被元朝普安路遗臣得知，策动乌蛮土司聚众万余人偷袭明军。明军不熟悉地形，只能被动固守。直到天快亮时，两支修路明军和中右、安南所军赶到，才解了中军大营之围。天亮后，明军清点损失，将士伤亡数百人，粮食被抢十数石。副将张宝说："将军不宜在此久留！"蓝玉问："此为何故？"答曰："箐山之玉，必为林遮；将军大名犯讳也！"蓝玉随口道："既如此，晓谕三军及当地百姓——将'箐山'改名'青山'！青山生兰玉，这样我蓝玉不就可在此平安出入了吗？！"说来也怪，地名改了两天，蓝玉的疟疾不医而愈。附近6个土司深感元亡明兴不可逆转，纷纷来降。蓝玉在青山住了20多天后，进军云南，

所向披靡，大获全胜。后来清代曾将青山易名"忠顺"、"石脚"、"金塘"等，终因"青山生兰玉"寓意深远，"青山"之名最终保留并延续至今。

蓝玉战功卓著，但最终被朱元璋以"谋反"罪诛杀。蓝玉子孙中有两人得部将廖某相救护，逃往普安州避难。其后裔居住在今马家冲、楚寨。蓝玉部将五品副千户不帖杰，奉蓝玉之命率1500人在杨那山筑安南守御千户所城，其后裔改姓白，分居于青山及兴仁白家冲等地。明初留居青山的回族还有瓦钦、常智及其亲属。

青山属高海拔缓丘陵地区，地势平坦，海拔在1400～1500米之间，气候温和湿润。农作物有玉米、水稻、小麦、油菜等；经济作物有烤烟、百合等。林木以杉、松为主。

青山是黔西南布依族苗族自治州三大农贸集镇之一，历史上有"头青山、二者相、三龙广"之美称。青山位于"盘八"中心，道路北通普安、

普安青山清真寺

盘县，南达兴仁、兴义。每天过往班车有数十趟，交通便捷。改革开放后，青山经济发展迅速。2007年全镇烤烟2万担，产值1000万元。青山水资源丰富，以银鲫鱼为主的水产业养殖发展迅速；种草养殖业也迅速兴起。电力、烤烟、水产业、养殖业已成为青山镇并驾齐驱的四大支柱产业。

● 普安青山清真寺内景

青山回族善于经商，目前已有200多回民在云南昆明、曲靖，及贵阳、六盘水、兴义经商。其中，一街张和祥成立"黔西南布依族苗族自治州和勝矿山机电设备公司"，创办了一个"塑料厂"、一个"锚杆厂"，在青山、楼下、兴义拥有1000平方米的百货门市。购买有7辆汽车（其中有4辆大中型货车，用于进货和送货），解决了20多人的就业问题，每年向国家上税20多万元。下街陈孝儒、陈孝江，后街张勇平、杨修德等从事建筑业，20多年里，先后在省内一些县、市建房40多万平方米。一街杨修业兄弟子侄5人，搞客货运输发家致富。三街、新街李正和、保治学、沈吉才、陈海航4户，开设宾馆、饭庄，有床位400余个，设备、环境较好。

● 普安青山清真寺内景

青山镇历史文化悠久，文化底蕴深厚。青山清真寺，是贵州省著名清真寺。青山清真牛干巴享誉省内外。

● 和谐回村大木桥 ●

　　清康熙五十年（1711年），回民保姓辗转迁徙普安州大木桥。康熙五十六年（1717年），云南宣威永安铺回民丁尚进携妻带子迁徙大木桥。回族逐步增多，开始伐木建庄。康熙六十年（1721年）集资修建清真寺。同治十一年（1872年）"白旗起义"失败，一些回民到此避难。

　　大木桥村属山中盆谷地区，地多田少，农民的经济来源主要靠农业收入，主产玉米、水稻，经济作物以烤烟、生姜为主，仅烤烟和生姜两项年人均收入就在千元以上。改革开放以来，经济向多元化发展，回族穆斯林生活水平不断提高。到2009年，该村回民仅在贵州、云南及上海、广州开设清真餐馆的就达200余家。有的经营户资产已达数百万，盖了楼房，并购买了轿车。全村人均年收入达3800元。80%的农户均为钢筋混凝土结构平房，村内实施了通户道路硬化和改厕、改灶工程，部分农户建起了沼气池，庭院种植花草，村北的大木桥水库，集雨面积为2.38平方公里，库容为15.8万立方米。近年来，逐步对坡地实施退耕还林还草工程，在农业产业结构调整中，部分农户将责任地

盘县大木桥村

大木桥清真寺

改种经济（果、茶）林，林草覆盖面积达 41%。

　　大木桥清真寺原建筑为四合院结构。1990 年，进行维修和部分改建，1991 年 4 月竣工。2005 年，被列为县级文物保护单位；2008 年，大木桥清真寺举行的"开斋节""古尔邦节"被列为市级非物质文化民族习俗。清真寺依山而建，外形似多层建筑。大门外有接待室，沿两侧台阶拾级而上有一月牙形平台，继为清真寺正门。正门上方有一弧形拱顶，上部为略向外突出成半圆形顶，上有四柱支撑的塔形装饰物。正门两侧是对称的两层楼房，门窗均为圆拱形，屋顶四角翘耸，造型别致。大殿及厢房保持了仿古建筑式样，悬山顶，下有廊庑相连，飞檐翘角，古香古色。2011 年，盘县普田回族乡政府投资 225 万元对大木桥清真寺进行改扩建，建筑面积增加到 1380 平方米。

　　大木桥村作为盘县回族的聚居地，民族风情浓郁。前几年，每到当地回族的重大节日时，当地的男女老少都聚在一起共同欢度节日。近几年来，大木桥村积极响应盘县政府大力发展文化事业的号召，在庆祝回族节日的同时举办文艺活动，丰富了群众的文化生活，锻炼和培养了一批文艺人才。在 2005 年以"多彩贵州"为主题的歌唱大赛盘县海选中，当地歌手张安楼获得该片区的三等奖；在 2007 年举行的"多彩贵州"舞蹈大赛中，当地村民以一支精彩的民族舞蹈《回族女子风情》而获该片区海选中的三等奖。乡文化站很重视发展当地回族文化，村民也很乐意参与，特别是重大节日，大家都会积极参加。

● 古寺三家寨道堂 ●

三家寨道堂

　　三家寨道堂是贵州清真寺中保护较好、为数不多的清代建筑，已列为省级文物保护单位，每年均有数千人前往参观。

　　三家寨道堂位于兴仁县鲁础营回族乡三家寨。始建于清光绪十八年（1892年）。据民国《兴仁县志》卷一载："光绪十八年六月……回教主马光烈巡视贵州教务，至新城（今兴仁），设道堂于鲁土营（鲁础营）之三家寨，以杨云鹤为教长，管理十二方（坊）回族教务。"清咸丰、同治年间（1851～1874年），贵州黔西南回民起义失败后，哲赫林耶教主马元章（光烈），于光绪十六年（1890年）由甘肃到云贵巡视教务，开展和平复教活动。在贵

三家寨道堂内景

州兴仁，经与当地土司协商，选定三家寨建道堂，历时两年，建成瓦面两层楼房 1 幢。后多次扩建，共有房屋 40 多间（建筑面积 331 平方米），占地面积 1300 多平方米。道堂总体为四合院布局，由正殿、两厢、前厅、伙房、水房、望月楼及姑祖花园等组成。前有青石铺砌的晒坝，旁有古树数株，往前越过腰墙，即到道堂正门。正门为石砌拱券门，望月楼跨门而建，楼前嵌有"三家寨道堂"木匾。望月楼后为前厅，厅前设垂带踏跺，门额上方有楷书"道堂"二字，为杨云鹤于光绪十八年（1892 年）题。檐下悬有阿拉伯文黑漆金字匾。门内为一四合

三家寨道堂

院，天井宽 6 米，深 8.5 米，左右为厢房，后为大殿，大殿门额上有阿拉伯文黑底金字横匾一块，也为杨云鹤所书。大殿和厢房为悬山式石木结构瓦房，有廊庑相连。天井四周挂有 6 块黑漆金字木匾，题字分别为"德化神奇"（内阁中书任可澄赠），"寿近期颐"及"遵道寿永"（普安州、贞丰州地方官赠），以及"返璞归真""翼善可贤""广大无疆""清真义馆"等。正殿大门两侧还有 3 副黑漆金字木刻对联。正殿面阔 5 间，前带廊，高 2 层，面阔 16.3 米，进深 10.7 米。楼上为大殿，后壁设窑窝，有马元章书阿拉伯文碑刻。正殿右侧有一小院，设伙房、水房（沐浴室）等。院坝和阶梯以青石铺砌，室内古香古色，

四周绿树成荫。院落后面为花园，有一楼一底的石板房和平房各一栋，种有黑竹、银杏、牡丹、芍药、月季等花木。1999 年 12 月，被列为省级文物保护单位。

三家寨一带有回族近 2000 人。三家寨回族的清真饮食很有特色。1992 年三家寨道堂百年纪念，省内各地及云南、四川、甘肃等省区的回族穆斯林前来祝贺，三家寨宰牛、羊数十头，以及鸡鸭等，做出丰盛菜肴招待客人，盛况空前。

三家寨一带，土地肥沃，物产丰富。回族以种植烤烟为主要的经济来源。

近年来，人民政府为推进新农村建设，先后投资近百万元对三家寨古村落以及古清真寺、古民宅等进行维修保护，对三家寨全长 2.3 公里、宽 5 米的进村道路进行硬化，加强基础设施建设，巷道旁种植树木。该村 300 多户回族人家已实现了家家门前通水泥路。一些人家还办起了农家乐。三家寨村发生了明显变化。道路整洁宽敞、房屋规划统一，呈现出富有民族特色的新农村景象，成为当地新农村建设的榜样。三家寨村还建立了瘦牛育肥基地和优质牛肉加工厂，产品销往省内外，带动了地方经济的发展。

三家寨新貌

XIANBEIZHI
先辈之
ZUJI
足迹

● 阿丹和好娃 ●

　　这是一个在回族聚居地广泛流传的故事……

　　相传，在很久以前，真主想到大地上应该有人居住，大地上也要有像天上的天仙那样崇拜他的人，于是他对天仙们说："我必定在大地上设置一个代理人。"

　　随后，真主用泥土创造阿丹。阿丹成了人类的祖先。

　　真主让阿丹住在天园里，过着幸福的生活。但是阿丹在那里感到孤寂难耐。安拉又创造了一个女人，名叫好娃，让她与阿丹结为夫妇。阿丹和妻子好娃，住在天园中。天园绿树成荫，花果满园，下临诸河，清澈见底，风光无限美好。有甘泉解渴，香果充饥，生活安适，心旷神怡。他俩也跟众天使一样，感激安拉、赞颂安拉，日子过得宁静而甜美。真主允许阿丹和好娃在天园里自由自在地吃所有树上的果子，只有一棵树对他们作了限制："你们俩不要靠近这棵树，否则，你们就要变成不义的人。"一天，易卜劣斯来到好娃那里，对她说："好娃，你和阿丹为什么不去尝尝那棵树上的果子呢？"好娃回答他说："真主不允许我们尝，我们应该服从

相传阿丹和好娃见面地——阿拉法特平原

真主的命令。"易卜劣厮说："不，好娃。你们都不知道这棵树的好处。""好处？什么好处？"好娃不解地问道。"它是一棵长生树！谁吃了这棵树上的果子，他就可以变成天仙，永远不会死。"易卜劣厮说完这些话走了。好娃立刻找到阿丹，对他说："阿丹，我们快去尝那棵树上的果子！"好娃一边说，一边指着那棵禁树。阿丹生气地回绝了她："这怎么可以？好娃，你真是胆大包天！难道你不知道真主禁止我们尝这树上的果子吗？""我知道，阿丹。"好娃说，"可是你不知道这是棵幸运树，是棵长生树，易卜劣厮劝我们去尝一尝，他是对我发誓说这些话的。他还说，不用害怕真主对我们的惩罚。"阿丹和好娃认为易卜劣厮完全没有必要虚情假意地发誓，便摘下一个果实品尝。正当阿丹和好娃吃得津津有味时，奇怪的事情在他们身上发生了。阿丹望着自己的身体，发现自己赤身裸体毫无遮掩。他再看看好娃，好娃也同样全身一丝不挂。阿丹心急如焚，刚塞进嘴的果实竟卡在嗓子里（据民间传说，男子的喉结就是阿丹被禁果卡住而遗传后代的特殊残痕）。他俩躲进天园的繁花丛林中，摘下无花果的树叶，遮羞蔽丑，护体防身。

真主把阿丹和好娃叫去，对他们说："难道我没有禁止你们俩吃那棵树上的果实吗？"阿丹和好娃惶恐不安，知道犯下了大错，于是赶紧对真主说："主啊，是易卜劣厮怂恿我们吃的！"真主对他们说："难道我没有对你们俩说过，恶魔的的确确是你们俩的仇敌吗？"然后，真主发布命令，把阿丹和好娃罚到大地上去。真主对他们说："你们俩都给我从天园里降下去！"同时，真主把易卜劣厮也降到大地上。真主再一次告诫阿丹和好娃，易卜劣厮是他们俩的仇敌，而且今后还是他们子子孙孙的仇敌。真主说："你们互相仇视下去吧！大地上有你们暂时的住处和享受。"阿丹、好娃、易卜劣厮一起被降到大地上。阿丹与好娃各在一方，年复一年不得见面。真主命天仙从乐园取红宝石置于麦加天房基础，并修天房，命阿丹去朝觐，以恕其罪愆。阿丹历经艰辛到达麦加，除在天房朝觐外，并在阿拉法特平原与好娃会晤。从那时迄今，朝觐者去阿拉法特作为朝觐的主要功修之一。

● 贤妇良母艾嘞娥 ●

在贵州回族聚集地，广泛传颂着一个曲折、动人的故事——《艾嘞娥传说》。

这个故事在贵州主要流传于威宁一带。此外，在中原、西北回族资料中也有记述。从故事内容和传播地域看，这个故事，应当是由阿拉伯国家辗转传来，实际上就是一

威宁高原风光

个阿拉伯传说。这种来自阿拉伯的传说，在回族民间故事中比较多。在传播中也添加了一些属于中国传统文化的内容，这是回族民间文学的一个突出特点。《艾嘞娥传说》是这样开头的：

相传很久以前，在以思拉的发勒思城中有一位贤明之士舍雷福，其妻子艾嘞娥温柔善良、贞洁贤惠、姿色出众，见过她的人，没有一个不为她的美貌倾倒。

一次，舍雷福到外国去做生意，一去就是好多年。他的父母先后离开了人世，家中只剩下左雷福和艾嘞娥……一天，左雷福凑近艾嘞娥，一脸流气地说："我说嫂嫂，天天晚上一个人抱衾独睡，就不感到孤独么？嫂嫂，你看，我来跟你一起睡咋样？"艾嘞娥气愤急了，狠狠在他脸上唾了一口。左雷福火冒三丈，威胁她说："你如果不从，我就去告你跟别人通奸，让你挨石头砸死。"

左雷福找来四个老人，私下塞给他们许多金银绸缎，让他们捏造艾嘞娥与人通奸的谎话上告官府。艾嘞娥被戛最（法官）判处石击之刑。

处刑那天，艾嘞娥在法场默默向主祈祷："真主啊！救苦救难的真主！今天我遭受这样的大冤，求你显显公道吧！"祈祷刚完，突然狂风大作，顿时飞沙走石，天昏地黑，执行刑罚的人丢下她，没命地逃走了。

真主应准了艾嘞娥的祈祷。当天晚上，左雷福梦见他正与四个老人一起吃饭，突然来了五个天神，用手摸摸他们的眼睛，就走了。左雷福惊醒后，两条腿动不得，两只眼睛看不到东西了。那四个老人也都做了同样的梦，也是两腿瘫痪，双目失明了。

　　艾嘞娥遇到富商巴革勒，因而获救。她来到巴革勒家里，巴革勒尽心地为她调理治疗。几个月后，艾嘞娥的伤渐渐好了。巴革勒有一个儿子，刚生下没多久，艾嘞娥很喜爱他，常把他抱在怀里。巴革勒的一个贴心奴仆扎代，常常迷恋艾嘞娥的美貌，很想逗弄逗弄她。有一次，他说了几句挑逗的话，遭到艾嘞娥一顿臭骂。扎代气不过，就起了歹意。他杀了巴革勒的儿子，把刀藏在艾嘞娥的床上。巴革勒经过调查，觉得孩子不可能是艾嘞娥杀的，他就对艾嘞娥说："你是一个善良的女人，决不会干这种缺德的事，一定是有人嫉恨你，想嫁祸给你。要真是这样，你还是走为好，免得再招来祸患。"于是他备了一头健壮的驴子，拿出四百块金币给艾嘞娥带上。艾嘞娥离开巴革勒家，一路上呼唤主："万能的主啊，您给善人降福，处罚那些恶人，向来公道评判，望祈我主，恩慈我的恩人，赶快惩罚那个加害于我的恶人吧！"真主应准了，后来，赐给了巴革勒两个儿子。两个儿子长大后，一个做了地方博士，一个成为凡勒赛王朝的上卿。

　　一次，扎代上山放骆驼，一脚踩空，从山上跌了下去，摔到山洼里去了，脚手摔断，眼睛里直往外冒血，从此瞎了双眼。

　　一天，艾嘞娥路过一个城市，看到一个人被捆着倒挂在树上，下面有一群人守着。一个过路人上前打听，只听看守的人说："他欠了官债三百块银钱。"艾嘞娥听后，很可怜他，就从包内拿出三百块银钱交给看守，求他们把那人放了。随后骑上毛驴，继续赶路。

　　那犯人被释放后，对艾嘞娥千恩万谢。他看到艾嘞娥天仙般的容貌，不禁心生邪念，想入非非。他见四面无人，便放荡浪笑，做尽了丑态。艾嘞娥生气了，问他叫什么名字，他回答说叫夏布思。艾嘞娥说："夏布思，我与你没有丝毫瓜葛，不过出于怜悯之心，不忍心看到你受刑，才出银两救你。你竟然知恩不报，反而这样无礼，你的良心难道被狗吃了吗？"夏布思听后，有所收敛，却一直跟在艾嘞娥的后面。

　　来到河边，夏布思忙对艾嘞娥喊道："夫人在这里等一下，我去找一条船过来。"艾嘞娥认为他是好意，便停下等他。夏布思连忙跑到一艘船上，暗中以一千块金币将艾嘞娥卖给一个客商。

　　夏布思得到金币后，高兴地回去了。走到半路，遇到两个强盗，捆住他的手脚，挖去双眼，把嘴塞住，把身上的钱抢个干净。

　　那个商人，买到这样一个美貌的女子，便想马上成了好事。艾嘞娥这时上天无路，下地无门，只得仰天呼唤："真主啊！今天我遇到这样的大难，落到这样的境地，无法摆脱，求至尊大能的主，给我说明啊！"祈祷毕，眨眼间，狂风大作，海浪腾空……船上除艾嘞娥及货物外，其余的人都被大浪卷入海中。过一会儿，天晴了，空气特别清爽，艾嘞娥独自一人坐在船上。她决定女扮男装，随船独自漂行到凡勒赛海岸。艾嘞娥将价值百万的货物充公。国王很高兴，下令从国库拿出钱，在海岸边竹林里为艾嘞娥修建一座精致的房屋，让她住在那里，每月发给薪俸。艾嘞娥立志隔断尘缘，一心一意修身礼拜。

后来，国王不幸染上重病，留下遗言，要太后下令：让宰相带着文武百官，用隆重的仪式，到海边迎接艾嘞娥即位。艾嘞娥执政两年，旧政一新。但她毅然向众大臣说明真相，退位回到原来的住处，精心修道，虔诚拜主。凡是她祷告的，真主无不应准。

故事讲到这儿，似乎就可以结束了。但如果这样处理，必定落入一般故事的窠臼。故事编撰者（民间众多不知名的作者），从伊斯兰教角度，做了延伸处理，一切既在情理之中，又在意料之外，将故事推向高潮：

艾嘞娥的丈夫舍雷福回到乡里，见二老不在堂前，弟弟也双目失明瘫坐着起不来，难过极了。舍雷福说："早先我听说凡勒赛海岸有一个贤明的大士，为人祈祷，没有不应的，我们去求他祈祷吧。"于是，他打点好行李，带着弟弟上路了。四个老人听说，也都跟着去，途中遇到巴革勒带着仆人扎代也去祈祷，便一同往凡勒赛走去。

到了凡勒赛海岸后，扎代第一个上去，跪在堂前，大声说："我叫扎代，过去艾嘞娥不与我私通，我怀恨在心，想杀她灭口，没杀到她，我就杀了主人的儿子，想嫁祸给她。这是我的罪，从此改过自新，求真主饶恕。"艾嘞娥捧手为他祈祷。其他人都将自己所做过的罪恶高声讲了出来，一点也不绕弯子，求真主饶恕。艾嘞娥捧手祈祷，真主应准了。这些人的病患也都一下子全消除了，都感谢艾嘞娥的恩德。艾嘞娥转身对他们说："你们以为我是谁？"众人抬头细看，惊叫道："善人多像艾嘞娥！"艾嘞娥说："不是像，就是艾嘞娥。"

艾嘞娥夫妇一别多年，今天相见，又悲又喜，一言难尽，互相诉说了各自遇到的奇灾大难，都想不到会有今天，两人相对着无声地哭。艾嘞娥对丈夫说："我已经对真主许了愿，决心断绝尘缘，以后，不能再伺候你了，你自己保重身体吧！"舍雷福见她志向坚定，不能强劝，只好哭诉着分别，回家乡去了……

● "尔林"高深者刘吉 ●

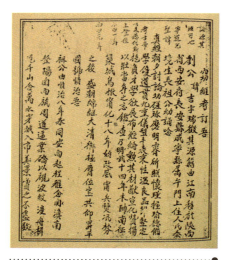

威宁《刘氏家谱》对刘吉入黔的记载

在贵州历代阿訇中，刘吉可谓"尔林"（阿拉伯语音译，意为知识、科学，回族引申为专指伊斯兰教学识）高深者。

刘吉，字瑞详，生于明崇祯十一年（1638年）。西安府长安县咸宁人，大阿訇，清初经堂教育家，黔西北、滇东北地区回族刘姓始祖。

刘吉自幼师从胡登洲太祖师的再传或三传弟子诵习真经。清顺治八年（1651年）春，从秦川南下，数月抵滇，游学八年后，于顺治十六年（1659年）八月到达乌撒卫。由于刘吉对《古兰经》的解释能"效古先贤之辙迹，断法率由旧章"，使乌撒回民"心悦而诚服"，当地回民恳请其留住下坝清真寺"执掌教道，教育人才"。刘吉在下坝清真寺期间，"设帐讲学，阐扬正教，扫除异端，以正群迷"，吸引了众多回民子弟入学诵习古兰经。他把胡登洲太祖师创的经堂教育率先传入乌撒地，拉开了乌蒙山地区伊斯兰教经堂教育的历史新序幕。

当时乌撒地区的伊斯兰教已经如履薄冰，有相当一部分回民信仰已很淡漠，但他们的口语中还保存着大量的阿拉伯语和波斯语词汇。刘吉对误入歧途者循循善诱，孜孜教诲。据民间传说，刘吉初到乌撒掌教时，劝人来礼拜，人们都说："我们都吸叶子烟了，还礼什么拜？"刘吉就说："这不矛盾。"刘吉第一次代拜时，整个礼拜堂内乌烟瘴气。第二次礼拜时，刘吉说："你们在外面吸好烟再进来礼拜。"这一次，礼拜堂内没有了烟雾，但烟杆还是带了进去。第三次礼拜时，刘吉说："既然吸好了烟，就不要把烟杆带进礼拜堂，以免碍脚碍手的。"教民服从了，但礼拜堂门口的烟杆竖成窑柴。第四次礼拜时，刘吉说："下次请你们在家里面吸好烟再来礼拜。"就这样逐步转正了教门。刘吉在乌撒看到教门荒疏的主要原因是族外婚。一了解，人们都说："我们都姓马，不能开亲。"刘吉深入调查后得知，乌撒的马姓仅仅是同姓，并非同宗。于是刘吉就以他们的居住地命名，给乌撒的马姓分姓，以便于族内通婚。居住在下坝的叫"下坝马"，居住在杨湾桥松林头的叫"松林马"，居住在杨湾桥马家屯的叫"马家屯马"等。

　　康熙四年（1665年），吴三桂在水西、乌撒等地推行改土归流，奖励垦荒。刘吉报领土地于杨湾桥，同时被聘为杨湾桥清真寺掌教。刘吉在杨湾桥清真寺，绛帐宏开，广纳学子，推进经堂教育。刘吉作为乌蒙山地区的一代开学阿訇，平生孜孜传经立教，为乌蒙培养了大批伊斯兰教经学人才，其长孙刘纲在康熙五十三年（1714年）四月初二日被威宁镇总兵韩忠"遴委为七姓亲友之领袖，执总掌教之权，赐给鞭板二对……"刘氏二世三世共20人先后为乌蒙山地区部分清真寺之掌教。清道光年间，大定府知府黄宅中编纂《大定府志》时，刘吉被收入《大定府志·惠人卷》。光绪年间威宁州贡生蒋子涛对刘吉写有颂诗："天经素习，圣道宣扬，克笃前烈，遗泽孔长。"晚清曲靖府学廪生吴钟凌对刘吉的评价是："继往圣之流，开来学之传，而清真先得赖以不坠。"

著名回族学者米寿江到威宁探访刘吉墓

● 为官清廉的詹彬 ●

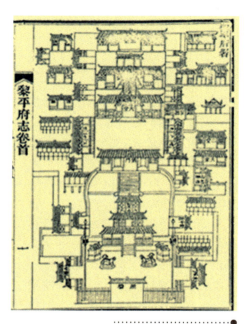

清代黎平府署

詹彬（1686～1771年），字舜辑，号玉亭。安徽宣城（今安徽宣城县）人，可能与詹应风为同族。幼年贫苦，跟随父亲读书古寺中，常至深夜。诗文有唐宋风格，旁及四六、小令。博通书画，在县学读书，成绩优异获得奖励。

清雍正五年（1727年），诏举孝友端方，是年41岁的詹彬由地方官推荐而入选，授贵州镇远（今贵州镇远）知县，署印江县事。

印江是汉族苗族杂居地区，经常发生民族纠纷。詹彬被任命督管军务。他对苗民开诚相待，得到苗民的信任，而民族纠纷也得到了缓解。不久，詹彬调思南府（治今贵州思南）安化县（今属湖南）。思南知府有宠吏，十分骄横。因向苗民勒索规例，几乎把苗民激变。詹彬依法杖责了这个人，并对知府说："现在才安定下来，难道让一个奸吏坏了事吗？"知府无可奈何，只得听任詹彬处置。县中有一富豪欲霸占一民女为妾，遭到了民女的拒绝。这个富豪原来即与民女之母有奸，谋杀了民女的丈夫，而民女本人并不知道。案发后，詹彬按照清律对民女之母及富豪判罪。知府却想诬陷民女谋杀亲夫，以取媚富豪，并指责詹彬故意放纵罪人。詹彬说："官可不做，为了讨好人去杀人，我绝不会这么做！"在詹彬的坚持下，这个民女得到了公正合理的处理。詹彬在安化任满后，先后升任大定府（治今贵州大方县）通判、署黎平府（今贵州黎平）知府、

游东山

詹彬（通判）①

比喇诸峰多颓突，　惟有东山号奇绝。
云磴礵②兮树离奇，　石硌硞③兮径幽折。
左顾岩泉起玉龙，　右瞰奎光④映金阙。
当前城拥万家烟，　背后洞凌三伏雪。
谁构层楼在半空，　疏棂曲栏何玲珑。
我来放眼一眼瞩，　时维三月春光浓。
绿烟红雨剧烘染，　蝶板莺歌相依从。
谷风习习吹我衣，　披襟当之殊融融。
此景历来谁尝识，　别驾黄公推第一。
曾闻著屐几回登，　留得新诗在禅室。
凭栏展卷恣吟哦，　允与参军同俊逸。
欲和阳春让未遑，　香厨徒倚勤呪笔。
忽焉亭上起钟声，　夕阳影里万峰明。
纷纷归鸟闹林坞，　半归新月来依人。
雅爱此时好风景，　欲行未行有余情。
赋就一诗归去晚，　家家灯火明江城。

双潭对镜

刘烨（护监）

十亩横塘水，　寒光映碧山。
云开月净夜，　恍惚玉连环。

织金山水诗词选

·1·

詹彬写贵州的诗作之一

湖北归州（今湖北归州）知州、山东武定府（今山东惠民县）同知等职，所到之处，一郡肃然。詹彬70岁时告归故里，与老友六七人相伴结社，游览赋诗，著有《黔中吟》《归田诗稿》。其中描写贵州的诗有《文德关》（镇远）、《华严洞行》（施秉）、《游东山》（织金）。其中《文德关》云："边疆多设险，此地独嵯峨。关倚岩间立，人从石隙过。诸峰环锁钥，万载戢干戈。允矣称文德，嘉名自不磨。"写景状物，十分到位；寄托情怀，亦有分寸。

● 智勇双全的张凌翔 ●

白旗起义

清咸丰八年（1858年），黔西南一带爆发了以回民为主体的起义（史称"白旗起义"），各族农民纷纷响应。起义军占领新城（今兴仁），建立了政权。起义军中以回族群众为主体，有苗族、彝族等民族群众参加，义军迅速发展到 10 万之众，攻占兴义（今安龙）等 10 余座府、州、县城，令清廷大为震惊。这次起义的领袖叫张凌翔（？～1864年），他能文能武，智勇双全，既有军事才干，又有政治谋略。至今还流传着许多关于他的传奇故事。

相传张凌翔，少年时就能在飞跑的水牛背上连翻两三个跟斗，后得武术名家真传，又得其叔张天柱培养，故各家拳法、骑马射箭、刀枪剑戟样样精通。

《桃园驻店》可谓张凌翔"智"的展示。故事说的是：有一次，张凌翔领着 7 人赶骡子到云南峭峨园去卖，路过桃园，与马店老板李善行家预定 10 天后返回投宿的房间和马厩，并交了一半定金。不巧，刚满 10 天，东川保帮从桃园经过，当地马店全部住满，虽是十月寒天，不少马锅头也只得露宿。天黑了好一阵子，带帮安廷栋与几个保帮四处巡查，得知李家有 8 个床位和 16 匹马的马厩空着等贵州马帮。安廷栋找到店主，以"贵州人若来，立马让"为条件，得以住下。但张凌翔一行人到后，保帮却迟迟不让。双方因此发生争执。保帮仗着在云南地面，有人帮忙，言辞咄咄逼人。论张凌翔等人的武艺，对

新城（今兴仁）白旗起义军元帅府

付保帮不在话下，可张凌翔没有这么做。他故意指了指天井中马驮子说："腾开驮子才有地点施展拳脚。"说着浓眉一挤，手下二马会意。张凌翔一个"鹞子翻身"，手脚并用，只见四个马驮子流星般飞到二马手中，随着张凌翔"挂上板壁"的话音，每个 120 斤重的四个马驮子在板壁上整齐地排列着。有的人还未看清是怎么回事，只听"嚯、嚯"声响，张凌翔的身影在天井里滚出几道圆圈，16 个马驮子全飞上板壁。大家回过神一看，张凌翔脸不红、筋不胀，轻松劲令旁观者瞠目结舌，天井里顿时鸦雀无声。东川保帮虽也学过几路拳脚，不过是花拳绣腿，摆不上用场，当他们目睹张凌翔的"驮子蹿花功"，早已眼花缭乱，心虚力怯而不敢吭声。幸好此时安廷栋赶到，急忙打圆场："三位老板，属下多凡夫俗子，疏于教诲，冒犯之处，还望宽恕！"一场恶斗就此了结。

《普安马锅头曲靖比武》则显示了张凌翔的"勇"。故事说的是：清朝道光年间，河南登封武林高手智通到曲

靖摆擂台，云贵武生200多人上台，全都败下阵来。眼看擂台只剩两天，地方人士都盼着能有位武艺出众者出来捞回点面子。这天下午，几个贵州普安赶马人到曲靖卖桐油，得知此事，便前去观看。校场上人山人海，在智通连败三个武生，又差点伤了张凌翔随行者后，张凌翔见状只得亲自出马。谁知打了80多个回合不分胜负，只得约明日再比。第二天早上，曲靖知府、地方贤达4人被邀上演武厅作证。他们与兵备道道台、通判一起主持比赛，检验和保管双方生死文契。滇东各县武生，得知智通遇到敌手，立下"刀枪无情、死伤自理"的文契，从数十百里外连夜飞马赶来观战。官府为防意外，加派百名兵丁维持治安……礼炮三响，二人合手抱拳，在锣鼓声中展开生死搏斗。刀光剑影，看得人眼花缭乱。一个时辰过去，智通焦躁不安，体力渐有不支，欲使绝招挽回败局。他且战且退，退到演武厅前，一纵身跃上一丈多高的演武厅。此时，张凌翔也一个空心跟斗翻上演武厅。智通以迅雷不及掩耳之势，回刀横劈。众人惊叫："不好！"大家以为张凌翔必死无疑。一些人闭目扭头、不忍去看，待到他们睁眼时，却见张凌翔剑锋直指擂主咽喉。智通只得认输。

贞丰马二元帅府

● 杨云鹤御下有方，事上尽礼 ●

清咸丰、同治年间，云南哲赫林耶"热依斯"马世麟以巨额黄金、白银资助杜文秀起义军，并成为河西起义军首领。杜文秀起义失败后，清军包围了马世麟所在的河西大东沟，全村老幼殊死抵抗数月。为使哲赫林耶延续下去，马世麟命人挖掘地道，嘱其年仅 18 岁的儿子马元章（后来成为哲赫林耶第 7 代教主）领弟、侄 10 余人化装逃走。不久大东沟被攻陷，全村遭血洗，马世麟亦遇害。马元章等逃离云南后，分散潜行至甘肃张家川。后经过 20 余年的努力，终于使哲赫林耶得以恢复。光绪十六年（1890 年），马元章到贵州办理教务，积极宣传民族团结和教派团结主张，缓和与统治者的矛盾，引导穆斯林勤农事、经商贸，发展经济，兴建清真寺。马元章回甘肃前，委任跟随自己多年的云南弥勒人杨云鹤为贵州"热依斯"，常住三家寨道堂。

杨云鹤手书的匾额（存平坝清真寺）

普安州赠送的"寿近期颐"匾额

　　杨云鹤"初以军功官云南，授参将。回教主马光烈传教至，弃官从之，归适县属三家寨。道堂成，光烈以之为教长，管理所定滇黔十二方（坊）回民"。他"御下有方，事上尽礼"，善与地方官吏及各族人士相处。他告诫穆斯林，安分守己，勤事农业，和平相处，不得损人利己。他一到三家寨后，便主动与当地执政者和汉族中正直兼有名望的人士搞好关系。除平时拜访外，每逢过节都要设宴款待各界人士。有时当地龙土司因故未至，杨云鹤便派人送去一桌饭菜，龙土司总要以白银数两为谢。杨云鹤重视发展道堂经济，以从事农业为根本，重视土地耕植，兼作马、牛、羊的饲养，并与教内善于经商者合资经商，利润道堂占三成。这样一来，粮食自给有余，商业有盈利。道堂生活基本立足于自力更生，减轻了穆斯林的负担。随着农商经济及饲养的发展，教门相应发达，道堂内吃饭人口逐渐增至百人。随着宗教活动规模的扩大，道堂原有房舍不够用，杨云鹤又主持扩建，最后有40多间。教堂有了经济基础，他又兴办经堂教育，亲授阿拉伯文和伊斯兰教经典课，聘请汉族教师讲授汉文和儒家经典，培养了一批"经书两全"的阿訇。杨云鹤体贴寒微，为民排忧解难，若有遇天灾人祸前来求助者，则不分族别皆给予救济。确因家境贫困者，免予偿还。经他10多年不懈努力，使当地"回汉和睦"，"方人之向道者众，慕道者深"，推动了贵州伊斯兰教的传播。光绪二十八年（1902年），他寿辰之日，内阁中书任可澄赠送"德化神奇"匾额，普安州、贞丰州赠送"寿近期颐"及"遵道寿永"匾额为其祝寿。

● 金品高兴教有为，治乱有方 ●

金品高（1866～1933年），字云晕，号春山，回族。为普安新城（今兴仁）白旗军首领金万照之子。清同治五年（1866年）腊月三十日出生于新城金家坝。同治十一年（1872年）白旗军受挫，品高家遭横祸，族人43口遇害。品高时年6岁，先为熊姓携至习安，后为马姓拐至广顺，最后被熊姓找获。广顺知州胡公（名大箴，号筱南，四川奉节人）将品高留于衙内，抚为义子。后胡公去世，家属返回省城。安龙义士桂文山、桂云峰将品高送至云南弥勒，交其伯父抚养。品高先在弥勒、玉溪等地学习阿拉伯文，后至兰州游学深造。光绪三十四年（1908年），品高奉

1920年马崑为金品高制作的瓷面肖像

哲赫林耶教主马元章之命，就任贵州热依斯，负责全省伊斯兰教教务，先后在新城三家寨和普安青山创办"伊斯兰教经学院"，培养出数百名阿訇。金品高倡导经堂教育改革，延聘前清拔贡董礼堂教授儒家经典，注重阿汉文互译能力的培养，吸引了外省及省内学子前往青山就学。云南籍学生马绍武（又名马世英，俗称马道台），1924年任新疆喀什区行政长官，1936年任国民政府新疆省政府委员兼民政厅厅长、南疆边防总司令。贵州威宁学生马崑（原名马树堂，号俊峰），为国民革命军中将副军长兼师长，抗战时期参加过娘子关和中条山战役。1949年12月，马崑在威宁率部起义。据青山人回忆，马崑在普安青山经学院读书时头脑灵活，常质疑问难，涉及不少宗教法规敏感问题和一般人不敢直言过问之事。他把授课教师弄得哭笑

不得。马崑善待孤苦老人，常帮他们做些体力活，但他的"读经"和"阿语"成绩欠佳，对"国术"却倍感兴趣，尤其喜欢《三国》、《水浒》中斗智斗勇的故事。一次，他因出言不逊，惹恼了阿訇，学堂要撵他走，幸亏金品高出面说情，才得以留校继续学习。马崑从军后，于1920年部队驻赣州期间给金品高来信，索要二老近照。不久，马崑就派人送来两座楠木镶边的金品高夫妇的瓷面肖像，以此表达其"尊师情"。

民国初年，军阀混战，兵匪为患，贵州地方政府任命金品高为"贵州省剿匪委员"，授权其组织卫队，捍卫桑梓。擒获盗匪时，他多以"招安"、"保释"处理，令其悔过自新。一次金品高到刘督办家做客，刘督办对他说："老阿訇，你的卫队44个人中，20多个出身绿林，你可要当心养虎为患呀！"金品高说："谢谢督办提醒，不过，我用道义感化其良知，相信他们不会背叛我。"泥堡红岩有曹品先父辈3人，被兴义府行文"将其就地处斩"，金品高得知曹家10余人无田少地，难以谋生，因穷致盗，便令其悔改，还发给购牛款（买耕牛）。不少人闻讯后，纷纷投诚，退出山林。一时地方清静，百姓安居乐业。

1933年农历十月廿九日，金品高病逝于青山，送葬人士达300余众。盘县书法家任宝慈先生书挽联云："是穆罕默德柱石，为尼山泗水干城。"赞其阿汉文并重的教育主张和伊儒双收的教学功绩。

● 贵阳，王静斋大阿訇归真地 ●

在贵阳百花山回民公墓的青松绿草间，有一座极为普通的坟茔，旁边一块斑驳的碑石正面刻着"伊斯兰著名经师伊利雅斯王静斋阿訇纪念碑"字样，这就是中国首部汉译本《古兰经》翻译者，与达浦生、哈德成、马松亭并称为中国现代四大名阿訇的王静斋大阿訇之墓。

王静斋（1879～1949年），为现代中国伊斯兰教著名经学家、翻译家。名文清，以字行。经名叶尔孤白。回族，天津人，出生于经师世家。8岁时随其父王兰庭阿訇读阿拉伯文。后进清真寺接受经堂教育，先后投多名著名经师学习经训、教义。26岁时学成"挂幛"（即毕业）。他学识渊博，通晓《古兰经》经注学、圣训学、教义学、教法学、凯拉姆学及伊斯兰教历史。精通阿拉伯语、波斯语，对古汉语、英语亦有一定造诣。历任河北、北京、辽宁、黑龙江、天津、山东、台湾台北等地 10 余所清真寺教长，设帐讲学，门徒众多。

1922 ～ 1923 年，王静斋携弟子马宏道赴埃及爱资哈尔大学进修，任该校首任中国学生部部长；此间曾去麦加朝觐，并到埃及、沙特阿拉伯、土耳其等地考察伊斯兰教现状，受到近现代伊斯兰教改良主义思潮的影响。归国时王静斋带回搜集抄录的 600 余种阿拉伯文经典。1927 年，王静斋创办并主编《伊光》月报，介绍伊斯兰学术文化、中国穆斯林生活和"尊经革俗"的主张。同年他与杨敬修等在天津创办新式中阿文大学，亲自授课。1936 年，在北京组织中国回教典籍编译社，组织穆斯林学者著述、翻译、出版伊斯兰教经籍。1938 年，与时子周等在河南共同发起成立"中国回教抗日救国协会"。

王静斋大阿訇

王静斋大阿訇毕生致力于弘扬伊斯兰教文化事业，力主改革经堂教育，实行新式教学，培养中阿文兼通人才，以教育兴教。王静斋毕生潜心从事伊斯兰教学术研究，翻译伊斯兰教经典，译著极富，被誉为"现代中国伊斯兰教经学大师"、"学通古今中外、品学兼优的伊玛目"。他对《古兰经》历经 20 年潜心译著，四易译稿，先后以文言文、经堂语、白话文翻译出版甲、乙、丙 3 种文体《古兰经译解》。其中丙种译本附有"略解""附说"及 1943 条注释，深受海内外穆斯林的信赖与欢迎，被视为最实用的汉译《古兰经》之一。其他译著有《回耶辨真》《中亚字典》《中阿双解新字典》《欧母代序文》《选译详解伟戛业》《真境花园》等及文章《五十年求学自述》《我之译经小史》《中国近代回教文化史料》《发扬伊斯兰文化之必要》《巡礼游记》等。

王静斋《古兰经译解》

1948 年，王静斋出游西南各省，考察中国伊斯兰教文化教育及学术研究情况。下半年，应台湾穆斯林邀请，出任台北清真寺阿訇。因不习惯当地生活习俗和各种环境，翌年5月，王静斋由妻刘汝馨、女王宝瑛、子王宝玺陪同，从广州到贵州平坝看望其大女儿王汝瑜。时王静斋抱病在身，即住在贵阳市清真寺内延医诊治。原打算待病愈后，即赴四川万县清真寺。不幸，他患的是黄疸病，且病情延误已久，终因医治无效，于5月25日归真。终年70岁。王静斋生前立有遗书："本人毕生致力于宗教事业，不事生产，故鲜积蓄，更乏经济活动。"虽然如此，他在遗书上写明留下的经书，却有近10箱，1000余部。

王静斋归真后，安葬于贵阳市郊仙人洞下晒田坝回民公墓地。1958年，晒田坝公墓地因国家建设需要，由人民政府划定东门外顺海林场的周家山为回民公墓地，并将晒田坝公墓地所有回民坟墓迁往周家山。1990年10月，贵州省伊斯兰教协会为纪念这位伊斯兰教学者，在周家山回民公墓地修建了王静斋阿訇纪念碑。

2010年5月25日，中国伊斯兰教协会与贵州省伊斯兰教协会联合在贵阳举行王静斋大阿訇爱国爱教思想座谈会和王静斋大阿訇之墓揭碑仪式。全国政协常委、中国伊斯兰教协会会长陈广元大阿訇作总结

王静斋大阿訇爱国爱教思想座谈会

　　讲话，贵州省人大常委会副主任唐世礼致辞。唐世礼在致辞中指出，王静斋大阿訇是我国现代伊斯兰教著名经学家、翻译家，是与达浦生、哈德成、马松亭齐名的中国现代四大阿訇之一，他的身上集中体现了爱国爱教、求索进取、奉献社会的崇高品质。王静斋大阿訇爱国爱教的思想，不仅在历史上熠熠生辉，也必将在实现中华民族伟大复兴的进程中进一步发扬光大，进而激励广大伊斯兰教信徒担当起时代赋予的历史使命和社会责任，在促进经济发展、社会和谐、民族团结工作中作出新的更大贡献。座谈会上，国家宗教事务局副局长齐晓飞，贵州省伊斯兰教协会、天津市伊斯兰教协会负责人，王静斋大阿訇的家属，中央民族大学教授林松分别发言，对王静斋大阿訇真诚爱国虔诚信教的一生给予了高度评价。座谈会结束后，与会领导和群众到贵阳市回民公墓，举行"王静斋大阿訇纪念碑揭碑仪式"。揭碑仪式由中国伊斯兰教协会副会长兼秘书长洪长有主持，碑文撰写者中国伊斯兰教协会副会长余振贵宣读了碑文，中国伊斯兰教协会会长陈广元发表了讲话。国家宗教事务局副局长齐晓飞、中国伊斯兰教协会会长陈广元等共同为纪念碑揭碑。

王静斋大阿訇纪念碑

● 国立贵州大学首任校长张廷休 ●

张廷休先生

　　"坚毅笃实"是国立贵州大学首任校长张廷休提出的国立贵州大学的校训，它体现了国立贵州大学的办学理念和治校精神，这些理念完整地体现在张廷休校长作词的《国立贵州大学校歌》中："学府起黔中，正神州鼎沸，海峤云红。既披荆斩棘，水鲜藻馥，此地贮潜龙……"张廷休校长作词的国立贵州大学校歌和由他提出的校训，至今仍为后学所铭记。随着历史的变迁，贵州大学校名几经更迭，但学校"坚毅笃实、勤奋创新"的校风在一代又一代贵州大学人身上发扬光大，历久弥新。

　　张廷休（1898～1961年），字梓铭，贵州安顺人，回族，历史学家，教育家。自幼勤奋好学，由贵州省立第四中学（今安顺市一中）毕业后，于1919年考入国立南京高等师范学校（1928年改为中央大学，1949年更名为南京大学）。1924年毕业，获文学学士学位。后以学术造诣深厚、学识渊博应聘到上海暨南大学任教3年。

　　北伐战争开始后，张廷休先后在国民革命军第40军第1师政治部、40军政训处、首都卫戍总司令部政训处任职，后任国民党中央宣传部秘书。1929年，张廷休任河南省政府秘书长（省主席刘峙）。1933年起，先后留学英国伦敦大学研究历史学、留学德国柏林大学研究经济，回国后曾任中央政治学校教授、国民政府中央土地委员会副主任（主任陈立夫）。1938年起任国民政府教育部主任秘书、教育部蒙藏教育司司长。抗战军兴，随部迁移武汉，任国民党军事委员会大本营第六部中将组长，继任教育部秘书长兼蒙藏高等教育司司长。

1942 年 5 月，行政院决议成立国立贵州大学，于农工学院外，增设文理、法商两个学院。文理学院设中国文学、外国语文、历史社会、数理和化学 5 个学系；法商学院设政治经济、法律学系。5 月 22 日，行政院第 564 次会议决议："任命张廷休为国立贵州大学校长。"

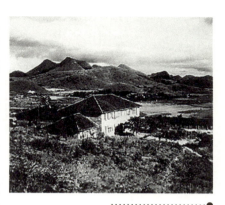

国立贵州大学

张廷休就任校长后，利用其在教育部任职的有利条件，先后聘李法忠、刘行骅为法商学院院长；任泰、潘家洵为文理学院院长；丁道衡、竺良辅为工学院院长；顾青虹、张丕介为农学院院长（1947 年罗登义为农学院院长，丁道衡为工学院院长）。除续聘李书田院长所聘的部分教授外，又到重庆等地聘请了一批知名教授。还有一批贵州籍的著名学者本着为家乡服务的精神，纷纷从全国各地到该校任教。其中有我国著名地质学家、内蒙古白云鄂博大铁矿的发现者丁道衡，著名地质学家乐森璕，著名物理学家张永立，营养学家罗登义，理论物理学家何启智，文学家蹇先艾，土木建筑教授葛天回等。贵州本地的著名教育家任可澄、刘方岳、田君亮和内迁贵阳的许多著名学者也在贵州大学兼课或担任特约讲座教授。这一时期的贵州大学，由于名师荟萃，具有较高的学术水平。

国立贵州大学办公楼

张廷休办教育有自己的特色。

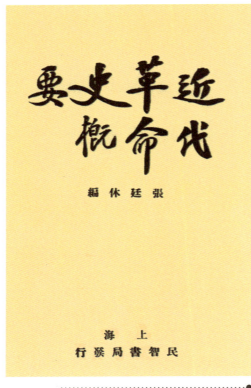

张廷休编的《近代革命史概要》

他留学返国后，在教育界工作多年，对于办教育事业有一定的经验。他将学习到的外国办教育经验和国内教育传统结合起来，办出大学教育的特色，使贵州大学成为新中国成立前贵州规模最大、科系较齐全的综合性大学。

学校初创时，千头万绪，张廷休全力操持，辛劳备至。当时贵州的交通闭塞、文化落后，又正值全民抗战最艰苦、最困难的时期。张廷休着手修建校舍，购置教学仪器、图书，聘请师资，建立规章制度，呕心沥血。1944年末发生黔南事变，日军进攻贵州，占领独山，震惊贵阳、重庆。国民政府令张廷休将贵州大学迁重庆，张廷休考虑到学校远迁校必亡，于是就近迁到遵义。全体师生同甘共苦，齐心维校，不久日军退出贵州，学校迁回花溪，未有损失。1949年6月编印的《国立贵州大学》做了这样的记述："迨三十一年七月，行政院授命今校长张廷休组织贵州大学，而张校长适因公在滇，奉命之余，即转渝来筑，时则事之待兴者，不可胜数，无一不并辕于前。张校长宵晏擘书，惨淡经营，凡有兴作，一本敬始慎终之旨，为一劳永固之计。且治标建本，同时兼筹，除补苴停工半年之办公楼教学院使完成外，并广租民房及大夏大学花溪校舍以应当时招生开学之用；一面积极着手永久校舍之建筑，校地之征购及各项设备之充实。尤竭力于国内名贤之罗致。于短促之两月期间，各事大定。"

张廷休性情直爽，待人处事，能说真话，从不转弯抹角，或敷衍了事。他平易近人，在贵州大学教职工和学生面前，不摆校长架子，容易使人与他亲近。一些学生都常找他，请求办理公事或私事，而不愿去找主任或行政工作领导人。他的办公室、家里，以及贵阳市内贵州大学办事处都不断地有教职人员、学生和社会人士找他办事。虽然他终日工作忙碌，但都耐心地接待。张廷休生活俭朴，乐于助人。贵州大学当时对学生没有助学金，一些贫苦的在校学生，如工学院的女生张建淑、范寿芬家境贫寒，在校求学经济困难，他主动地用薪金接济他们，直到毕业。

张廷休在任 7 年间，学校忠实履行培养人才的重任，实力不断增强、影响日益扩大，为"造就'坚毅笃实'具有专门智能之建国人才"奠定了基础。至今，由他作词的国立贵州大学校歌，由他提出的校训"坚毅笃实"，仍为后学所铭记。张廷休曾被选为国民党中央委员会委员和国大代表，并兼任贵州中央日报社董事长。1949 年冬，贵州解放前夕，廷休先生离大陆转港赴台。他到台湾后，任考试院考试委员、台湾正中书局董事长、中华日报特约专题撰稿。1961 年 11 月 23 日，在台北逝世。张廷休著述颇丰，计有《欧洲大学起源考》《近代革命史概要》《贵州文化之开拓》和《论为学与从政》等。

1983 年元月，张廷休大女儿张伯星，曾到贵阳花溪探望母校。在为其举行的欢迎会上，贵州农学院冯泽副院长曾发表讲话说："老校长张廷休先生的成绩是巨大的，他是一个教育家、学者、书法家，在抗日战争的困难条件下，创办了贵州的最高学府，他的功绩应载入史册。凡是做了好事的人，人民是不会忘记他的。今天的农学院，是在他开创的基础上发展起来的。因此，他的遗物，我们都会加以保护珍藏，过去他取的地名村名，现在还是继续用。先生的学生在祖国各省市中，有当教授、工程师、农艺师的，也有担任国家机关重要职务的。应该说他对祖国教育事业作出的贡献、成绩是主要的。"

参考书目

1. 元史·卷一百·屯田.

2.（元）许有壬. 至正集.

3.（明嘉靖）贵州通志.

4.（明嘉靖）普安州志·兵卫志·名勋.

5.（明）郭子章. 黔记.

6. 明实录·洪武实录.

7.（清）刘智. 天方典礼择要解.

8.（清嘉庆）黔西州志.

9.（清咸丰）贵阳府志.

10. 清史稿.

11. 白寿彝主编. 回族人物志 [M]. 银川：宁夏人民出版社，2000.

12.（清咸丰）安顺府志·武职官谱·张国相传.

13.（清光绪）宣城县志.

14.（民国）威宁县志.

15.（民国）余庆县志.

16.（民国）镇宁县志.

17.（民国）兴仁县补志.

18. 穆·福·阿卜杜勒·巴基编，努尔曼·马贤译. 圣训珠玑 [M]. 北京：宗教文化出版社，2002.

19. 陈育宁，汤晓芳. 中国回族文物 [M]. 银川：宁夏人民出版社，2008.

后记

　　贵州山川秀美，气候宜人，资源丰富，人民勤劳，风情多彩，文化灿烂。18 个世居民族，和谐相处，共建家园。《贵州世居民族文化书系》正是建立在人类学、民族学、文化学的研究成果基础上，以叙事方式为主，向世人勾勒贵州世居民族文化版图，展示贵州世居民族悠久的历史文化与和而不同的美丽生存，以全新的视角探寻各民族的文化发展轨迹，解读各民族具有鲜明特色的文化事象，诠释各民族充满神奇魅力的新形象。

　　《贵州世居民族文化书系》编委会对书系的宗旨、目标、体例和风格等进行项目论证和定位，负责确定写作大纲，并对书系的组织架构、写作要求和作者物色等进行统筹安排。

　　《黔岭新月·回族》由贵州省民族研究院进行审读，就政治倾向性和民族、宗教问题进行认真把关。本书图片得到了四位作者及王先宁、威宁彝族回族苗族自治县史志办刘砺、文化广播旅游局马勋勇，普安县青山民族中学金以光，以及贵州省摄影家协会的大力支持（经多方搜寻，仍有部分图片未能寻到作者，作者见书后请与出版社联系）。

　　在此，对所有为书系做出贡献的人士表示衷心的感谢！因编辑水平所限，书中难免有不尽人意之处，恳请读者批评指正，以便图书再版时予以弥补。

《贵州世居民族文化书系》编委会

2014 年 6 月